Der breite Strom, der vom Alpenvorland zur Nordsee fließt. Die schöne Loreley, deren Gesang die Schiffer betört. Der vorzügliche Wein, der an den Ufern wächst. Mythen und Sehnsüchte ranken sich um den Rhein, politische Kämpfe sind an seinen Ufern ausgetragen worden. Dieser Band versammelt Texte von Clemens Brentano, Heinrich Heine, Heinrich Böll und vielen anderen, die sich den sinnlichen Reizen und der Geschichte des Rheins gewidmet haben.

Diese Reihe nimmt deutsche Städte, Flüsse und Regionen in den Blick: Auszüge aus literarischen Klassikern, Gedichte, Sagen, Märchen und Briefe über die verschiedenen Landstriche versammeln Historisches und Mythisches, Kurioses und Aufschlussreiches.

Es erschienen außerdem: Frankfurt, Berlin, Dresden, Schwaben, Harz

Unsere Adresse im Internet: www.fischerverlage.de

Rhein

Eine Lese-Verführung

Herausgegeben von
Hannah Arnold, Juliane Beckmann
und Jörg Bong

Fischer Taschenbuch Verlag

Originalausgabe
Veröffentlicht im Fischer Taschenbuch Verlag,
einem Unternehmen der S. Fischer Verlag GmbH
Frankfurt am Main, Oktober 2009

© 2009 S. Fischer Verlag GmbH, Frankfurt am Main
Gesamtherstellung: CPI – Clausen & Bosse, Leck
Printed in Germany
ISBN 978-3-596-65006-4

Inhalt

❖

»Alter, treuer Rhein«
Lobpreisungen des Flusses

»Im Hintergrund singt der graue Rhein«
Der Rhein als Kulisse

»Oben Lust, im Busen Tücken«
Die Naturgewalt des Rheinstroms

»Mein Blick folgt jenem alten Spazierweg«
An den Ufern des Rheins

»In den uralten Zeiten …«
Loreley, Bischof Hatto und die Heinzelmännchen

»Fülle doch mit rhein'schem Gold den Becher«
Der Wein

»Wer will des Stromes Hüter sein«
Politisches und Patriotisches

Anhang

»Alter, treuer Rhein«

Lobpreisungen des Flusses

Otto Roquette

Kennt ihr den schönen goldnen Rhein

Kennt ihr den schönen goldnen Rhein
Mit seinem Duft und Sonnenschein,
Mit prächt'ger Strömung seiner Wogen,
Von Berg und Felsen kühn umzogen?
Mit seinen Burgen, hoch und luftig,
Und sagenreich und rebenduftig?
Dort weht ein Odem, lebensprühend,
Dort tönen Lieder jugendglühend,
Und Weinesdüfte wonnig quellen
Weit auf des schönsten Stromes Wellen.
Wie Stern an Stern, so reiht sich dort
In Hügelketten Ort an Ort,
An jedem Ort ein neuer Wein,
Hier goldig, dort im Purpurschein,
Man wandert aus, man wandert ein,
Man glaubt im Himmel gar zu sein!
Dort klang so manchem Musensohn,
Des Lebens schönster, tiefster Ton.
Er ist auch mir, nur fern gebannt,
Des Weins, des Lieds gelobtes Land.
Und denk ich voll Entzücken sein,
Ist mir's als schlürft ich goldnen Wein.
Ihr sollt's in diesem Liede spüren,
So kommt, zum Rhein will ich euch führen.

Heinrich Böll

Der Rhein

Der Rhein ist männlichen Geschlechts, keltisch ist sein Name, römischen Ursprungs sind die Städte an seinen Ufern. Die Römer brachten den Stein, pflasterten Straßen, bauten Paläste, Lager, Tempel und Villen. In Steinen brachten sie den vergeblichen Traum von Dauer, Steine blieben als Zeichen ihrer vergangenen Herrschaft. Den deutschen Kaisern hinterließen sie die Erbschaft: Herrschen bedeutet bauen und Gesetze geben. Auf Flößen rheinabwärts, die Nebentäler hinauf, brachten die Römer Marmorblöcke, fertige Säulen, Kapitelle – und die Lex. Der Rhein war Straße und Grenze zugleich, nicht Grenze Deutschlands, nicht Sprachgrenze, er trennt anderes voneinander als Sprachen und Nationen. Der Rhein hat nichts von der fälschlicherweise sprichwörtlichen rheinischen Verbindlichkeit. Bis in die Neuzeit hinein, die ein sechshundert Meter breites Wasser als kein Hindernis erachtete, bewies er, daß er Grenze ist. Im Jahre des Heils 1945 war es kein geringeres Abenteuer, als es zur Römerzeit gewesen sein muß, von einem Ufer auf das andere zu gelangen.

Die Römer, erfahrene Eroberer, glaubten zu wissen, wodurch dieser breit dahinfließende, wilde Fluß zu zähmen sei: durch Brücken. Sie bauten sie, errichteten Brückenköpfe und faßten doch nördlich der Mainmündung nie so recht Fuß auf dem rechten Ufer. Brücken sind kostspielig und leicht zerstörbar; durch Äxte und Feuer, Bomben und Sprengladungen kann die

Trennung der Ufer schnell wieder vollzogen werden. Die siegreiche Armee, die neue Brücken errichtet, erhebt einen unerbittlichen Zoll: Kontrolle. Ein Brückenkopf ist wie ein Nadelöhr; Tausende kann man täglich einzeln durchfädeln. Sechshundert Meter grauen, kraftvoll dahinfließenden Wassers trennen Familien, Liebende. Es waren zwei Königskinder. Die falsche Nonne nimmt im Lauf der Geschichte zahlreiche Verkleidungen an: römischer Söldner, merowingischer Räuber, kurkölnischer Hauptmann, napoleonischer Sergeant, Kettenhund der deutschen Wehrmacht, amerikanischer Leutnant. »Ausweis, Ausweis, Entlassungsschein.« DDT als gelbliches Pulver in die Kleider gestäubt. Keine Laus durfte lebend über den Rhein, mochte sie noch so zäh sein, den Weg bis zum Rhein überstanden haben. Hier war die Grenze. Fähren, Pontons, technisch kaum denen überlegen, wie sie die Römer benutzt haben mögen, wurden zu Machtmitteln, Quellen des Reichtums. Sehnsüchtig blickte man hinüber und herüber. Das Wasser war viel zu tief.

Große Flüsse sind unerbittlich. Außer Basel ist es keiner Stadt gelungen, mit beiden Hälften so am Rhein zu liegen, wie eine Stadt an der Seine, am Tiber, an der Themse liegen kann. Praga ist nicht Warschau, Pest nicht Buda, und auch die modernste Administration hat die Grenze zwischen Köln und Deutz (dem römischen Brückenkopf Divitia) nie ganz aufgehoben. Abenteuerlich war der Marsch über die Pionierbrücke, die Deutz mit Köln genau an der Stelle verband, wo die Römer ihre erste Brücke bauten. Lehmig, ein Urstrom, floß der Rhein im Herbst 1945 am zerstörten Köln vorüber nordwestwärts, während wir, mit Ausweis und DDT versorgt, über die glitschige, geländerlose Brücke zwischen Panzerwagen und Jeeps auf das ersehnte linke Ufer zustrebten. Dumpf dröhnten die hölzernen Bohlen der Brücke, wie sie einst unter den Schritten der Chatten und Cherusker, der Brukterer und Sugambrer gedröhnt hatten.

Der Rhein fließt nicht durch die Städte hindurch, er fließt an ihnen vorbei; an Straßburg und Mainz, an Koblenz und Bonn, Köln und Düsseldorf; die Schwerpunkte der alten Städte römischen Ursprungs liegen auf dem linken Ufer, wo die Römer den erschrockenen und erstaunten Germanen den Anblick steinerner Gebäude, gepflasterter Straßen, ummauerter Lager boten – und die Lex, die den unter harte Strafe stellte, der sich an dem vergriff, was den Germanen so wenig bedeutete: Staat und Besitz, Eigentum. Auf dem rechten Ufer hatte als schwerstes Vergehen die Feigheit gegolten; sie wurde mit dem Tode bestraft. Moorleichen, Jahrtausende alt, zeugen bis heute von der germanischen Rechtsprechung. Im Jahr 1945, mit dem Rückzug über den Rhein, wurde die Barbarei endgültig: Auf dem rechten Ufer herrschte Wotan; längst waren die Sümpfe trockengelegt, der Fortschritt hatte sie besiegt, und doch herrschte Wotan: An Bäumen und Telegrafenmasten hingen die Deserteure und alle, die dafür gehalten wurden. Germani ignavos in paludem praecipitabant – so steht es im Lateinbuch der Sextaner. Am Rhein erst wurde der große Strom der aus Frankreich zurückflutenden deutschen Wehrmacht im Herbst 1944 aufgehalten; die wenigen Brücken waren leichter zu kontrollieren als Tausende von Dörfern, Nebenstraßen, Waldstücken. Und der Name des alliierten Vorstoßes über den Rhein ist trotz der Bomber der Name einer Brücke: Remagen.

Kosaken und Spanier, Schweden, Römer und Hunnen standen auf dem einen oder anderen Ufer, blickten über den majestätisch dahinfließenden Strom, der zunächst Halt gebot. Napoleon versuchte noch einmal, den Rhein zur Grenze zweier Nationen zu machen: Scharf zog er die Grenzlinie am linken Rheinufer entlang von Basel bis Kleve hinauf. Napoleons Versuch mußte mißlingen. Nation ist ein zu schwacher Begriff, um voneinander zu trennen, was durch den Rhein voneinander getrennt wird. Es wird deutsch gesprochen in Köln und in Deutz, in Bonn und in Beuel, und doch, wenn man auf dem linken Ufer geboren ist, löst die Fahrt über eine der Brücken von Ost nach West Gefühle aus, die älter sind, als man je werden kann. Das so schwer zu Bestimmende des Rheins als Grenze machte Napoleons Versuch so töricht, machte auch den Separatismus im Rheinland so unpopulär. Von Süden nach Norden fließend, trennt der Rhein vieles, und doch verlaufen viele geheimnisvoll verbindende Linien westöstlich. Sprachgrenzen, Grenzen der Brotform, Konfessionsgrenzen, die oft sogar Grenzen innerhalb der einzelnen Konfessionen sind; Grenzen der alten Kurfürstentümer und Bistümer; hier trierisch, dort kölnisch; der eine Katholizismus ländlich, ergeben, fast barock, der andere städtischer, freiheitlicher. Sobald der Rhein zur Grenze von Nationen erklärt wird, leben uralte Gefühle auf, die nicht längs, sondern quer beheimatet sind. Eine ganze Literatur würde nicht ausreichen, wollte man das Geheimnis lösen, was nun quer und was längs begrenzt wird. Nördlich Bonn ist das Barock nur noch als Einzeltraum zu finden, fremd, weder als Baustil noch als Lebensgefühl je wirklich geworden.

Der Niederrhein, zwischen Bonn und Rotterdam, der am wenigsten bekannte Rhein, ist, auch nach Kilometern gemessen, keineswegs der geringere. Sprache, Lebensgefühl, Humor nehmen unmerklich niederländische Züge an; Bier und Schnaps, die Getränke der Völker, denen Nebel und Regen vertraut sind, beherrschen die Kneipen. Das klingt so wenig nach »rheinisch«, wie die stillen niederrheinischen Dörfer mit ihren Breughel-Kirchtürmen Aussicht hätten, als »rheinisch« anerkannt zu werden. Spielt die Basler Fastnacht sich nicht am Rhein ab wie der Kölner Karneval? Die eine ist bizarr, Tiere und Dämonen sind ihre Masken, starre Tänze ihr Rhythmus – der andere ist vulgär, seine Tänze sind à la mode, sein Witz ist politisch und immer aktuell und doch uralt: Der Vulgus macht die Oberen lächerlich in einem Land, wo Lächerlichkeit tötet, und hält doch, mit untrüglichem Instinkt, die eine Obrigkeit, die Kirche, aus aller Lächerlichkeit heraus. Nichts hat der Kölner Karneval mit der Basler Fastnacht gemein, und sind doch beide rheinisch.

Gleiche Rechtsprechung gilt heute für das linke wie das rechte Ufer; durch stabile Brücken sind sie scheinbar auf ewig wieder miteinander verbunden; fröhlich, emsig, unermüdlich fahren die Lastkähne rheinaufwärts und zu Tal, von Basel bis Rotterdam. Keine Zollkanonen schießen ihm Warnschüsse vor den Bug, keine gierigen Stadtväter, keine bankrotten Kurfürsten üben mehr Stapelrecht aus; die Raubritterburgen sind Ruinen, die Nibelungen ein großartiger Traum; Besatzungen sind ein Dauerzustand, jede Armee, mag sie auch die eigene Sprache sprechen, wird als Besatzung empfunden; zu oft waren es drei, vier Armeen, sprachen alle die gleiche, die eigene Sprache, kämpften erst mit-, dann gegeneinander, wechselten die Fronten; wer wollte sich da noch auskennen?

Das neunzehnte Jahrhundert erst brachte den Erzfreund und Erzfeind: den Touristen. Der Rhein wurde Ware. Landschaft ließ sich in klingende Münze verwandeln, Landschaft, die eine unersetzliche Eigenschaft bewies: Sie war unverschleißbar. Millionen Augenpaare haben den Blick vom Drachenfels ins Rheintal getan: Unverändert blieb der Anblick. Millionen Augenpaare blickten von Dampfern aus auf die Ruinen der Raubritterburgen: Sie blieben – mit einiger Nachhilfe – stehen. Ein unersetzliches Panorama, von jedem besungen, der je einen Vers zu schmieden vermochte. Ich weiß nicht, was soll es bedeuten. Harte Herzen, kalte Hirne, starke Männer wurden weich, warm und schwach, wenn sie per Dampfer von Bonn bis Rüdesheim durch diese düstere, großartige Urlandschaft fuhren, die der Rhein geformt hat und immer noch beherrscht. Er blieb die Majestät, läßt alles, was an seinen Ufern geschieht, als vorübergehend erscheinen. Wenn die lehmigen Fluten der Hochwasser über Promenaden und Kais in Ausfluglokale steigen, wenn die Anlegebrücken nicht mehr abwärts in freundliche Dampfer, sondern aufwärts in einen dunkelgrauen Himmel führen, ist nur noch das drohende Gemurmel des Wassers zu hören. Nördlich Bonns, wo der Rhein aus der Enge der Berge in die Ebene tritt, lädt er weit aus, wälzt sich dunkel an ängstlichen Dörfern vorbei, bedroht sogar Köln, seine heimliche Königin. Alles, was sich an seinen Ufern tut und getan hat, erscheint wie ein Witz, der erst zwei Jahrtausende währt, wie ein zweiter, dritter, vierter Traum von Dauer, auch die gewaltigen Industriekulissen, die sich in törichtem Optimismus immer dichter, immer aufdringlicher auftun. Nicht einmal der Industriedreck, der den Rhein zum schmutzigsten Fluß Europas macht, nimmt ihm seine Majestät; er kann sehr wohl schmutzig und majestätisch sein.

Was rheinisch ist, haben lange Zeit die Verseschmiede bestimmt; für sie fing der Rhein bei Rüdesheim an und hörte bei Bonn auf. Die Strecke zwischen Bonn und Rüdesheim macht kaum ein Zehntel der Länge des Rheins aus. Ein strenger Geist wie Stefan George war rheinisch und eine so weiche, schwermütige, auf der Basis eines tiefen Humors mit Engeln und Dämonen vertraute Dichterin wie Elisabeth Langgässer. Rheinisch sind die stillen Tabakbauerndörfer am Oberrhein, so sehr voneinander verschiedene Städte wie Köln und Duisburg, Düsseldorf und Mainz; das »Rheinisch« der Verseschmiede ist nicht einmal für die von ihnen besungene Strecke typisch: Weinbau bedeutet harte Arbeit, und der Fremdenverkehr hat nur eine kurze Saison; den größeren Teil des Jahres lebt man abgeschminkt in den Dörfern, die eng und schattig sind, alle ehemalige Fronsiedlungen der Burgen. Wenn sie sich bacchantisch geben, weinlaubbekränzt, so schielt das rheinische Auge doch immer auf die Kasse, die Bilanz, und auch der Humor ist längst zur Ware geworden. Die schönen rheinischen Mädchen, die zu den Madonnen Modell gestanden haben, müssen alle einen kühlen Zug um den Mund, eine spöttische Härte in den Augen gehabt haben. Da blieb gewiß in Hingabe und Zärtlichkeit immer ein Rest jener Vernunft, die mit den Steinen und der Lex auf dem linken Rheinufer nordwärts getragen wurde. Weder Wein noch Tanz oder Gesang spülen die ganze Vernunft weg, und wie vernünftig die rheinischen Mädchen sind, haben die Soldaten aller Armeen erfahren, die je durchs Rheintal zogen: Ehe gebot die Vernunft, und sie siedelten sich an. Daß der Rhein auch eine Liebesgrenze sei, mag als kühne Theorie wirken; es müßte denn Zufall sein, daß die Grenze für die offiziellen Venusquartiere am Rhein entlangläuft (über den Main als Grenze, über den Ausnahmezustand der Hafenstädte wäre in diesem Zusammenhang besonders zu sprechen). Das Unvernünftige der Liebe wird am Rhein durch Vernunft gebändigt. Es gibt Grenzen, die auch der Karneval, der anderswo als Vakanz gilt, nicht auslöscht. Die erhabenste Eigenschaft der Madonna hat auch einen lateinischen Namen.

Friedrich Hölderlin

Der Rhein

An Isaak von Sinclair

Im dunkeln Efeu saß ich, an der Pforte
Des Wald, eben, da der goldene Mittag,
Den Quell besuchend, herunterkam
Von Treppen des Alpengebirgs,
Das mir die göttlichgebaute,
Die Burg der Himmlischen heißt
Nach alter Meinung, wo aber
Geheim noch manches entschieden
Zu Menschen gelanget; von da
Vernahm ich ohne Vermuten
Ein Schicksal, denn noch kaum
War mir im warmen Schatten
Sich manches beredend, die Seele
Italia zu geschweift
Und fernhin an die Küsten Moreas.

Jetzt aber, drin im Gebirg,
Tief unter den silbernen Gipfeln
Und unter fröhlichem Grün,
Wo die Wälder schauernd zu ihm,
Und der Felsen Häupter übereinander
Hinabschaun, taglang, dort

21

Im kältesten Abgrund hört'
Ich um Erlösung jammern
Den Jüngling, es hörten ihn, wie er tobt',
Und die Mutter Erd' anklagt',
Und den Donnerer, der ihn gezeuget,
Erbarmend die Eltern, doch
Die Sterblichen flohn von dem Ort,
Denn furchtbar war, da lichtlos er
In den Fesseln sich wälzte,
Das Rasen des Halbgotts.

Die Stimme wars des edelsten der Ströme,
Des freigeborenen Rheins,
Und anderes hoffte der, als droben von den Brüdern,
Dem Tessin und dem Rhodanus,
Er schied und wandern wollt', und ungeduldig ihn
Nach Asia trieb die königliche Seele.
Doch unverständig ist
Das Wünschen vor dem Schicksal.
Die Blindesten aber
Sind Göttersöhne. Denn es kennet der Mensch
Sein Haus und dem Tier ward, wo
Es bauen solle, doch jenen ist
Der Fehl, daß sie nicht wissen wohin
In die unerfahrne Seele gegeben.

Ein Rätsel ist Reinentsprungenes. Auch
Der Gesang kaum darf es enthüllen. Denn
Wie du anfingst, wirst du bleiben,
So viel auch wirket die Not,
Und die Zucht, das meiste nämlich
Vermag die Geburt,
Und der Lichtstrahl, der

Dem Neugebornen begegnet.
Wo aber ist einer,
Um frei zu bleiben
Sein Leben lang, und des Herzens Wunsch
Allein zu erfüllen, so
Aus günstigen Höhn, wie der Rhein,
Und so aus heiligem Schoße
Glücklich geboren, wie jener?

Drum ist ein Jauchzen sein Wort.
Nicht liebt er, wie andere Kinder,
In Wickelbanden zu weinen;
Denn wo die Ufer zuerst
An die Seit ihm schleichen, die krummen,
Und durstig umwindend ihn,
Den Unbedachten, zu ziehn
Und wohl zu behüten begehren
Im eigenen Zahne, lachend
Zerreißt er die Schlangen und stürzt
Mit der Beut und wenn in der Eil'
Ein Größerer ihn nicht zähmt,
Ihn wachsen läßt, wie der Blitz, muß er
Die Erde spalten, und wie Bezauberte fliehn
Die Wälder ihm nach und zusammensinkend die Berge.

Ein Gott will aber sparen den Söhnen
Das eilende Leben und lächelt,
Wenn unenthaltsam, aber gehemmt
Von heiligen Alpen, ihm
In der Tiefe, wie jener, zürnen die Ströme.
In solcher Esse wird dann
Auch alles Lautre geschmiedet,
Und schön ists, wie er drauf,

Nachdem er die Berge verlassen,
Stillwandelnd sich im deutschen Lande
Begnüget und das Sehnen stillt
Im guten Geschäfte, wenn er das Land baut,
Der Vater Rhein, und liebe Kinder nährt
In Städten, die er gegründet.

Doch nimmer, nimmer vergißt ers.
Denn eher muß die Wohnung vergehn,
Und die Satzung und zum Unbild werden
Der Tag der Menschen, ehe vergessen
Ein solcher dürfte den Ursprung
Und die reine Stimme der Jugend.
Wer war es, der zuerst
Die Liebesbande verderbt
Und Stricke von ihnen gemacht hat?
Dann haben des eigenen Rechts
Und gewiß des himmlischen Feuers
Gespottet die Trotzigen, dann erst
Die sterblichen Pfade verachtend
Verwegnes erwählt
Und den Göttern gleich zu werden getrachtet.

Es haben aber an eigner
Unsterblichkeit die Götter genug, und bedürfen
Die Himmlischen eines Dings,
So sinds Heroen und Menschen
Und Sterbliche sonst. Denn weil
Die Seligsten nichts fühlen von selbst,
Muß wohl, wenn solches zu sagen
Erlaubt ist, in der Götter Namen
Teilnehmend fühlen ein Andrer,
Den brauchen sie; jedoch ihr Gericht

Ist, daß sein eigenes Haus
Zerbreche der und das Liebste
Wie den Feind schelt' und sich Vater und Kind
Begrabe unter den Trümmern,
Wenn einer, wie sie, sein will und nicht
Ungleiches dulden, der Schwärmer.

Drum wohl ihm, welcher fand
Ein wohlbeschiedenes Schicksal,
Wo noch der Wanderungen
Und süß der Leiden Erinnerung
Aufrauscht am sichern Gestade,
Daß da und dorthin gern
Er sehn mag bis an die Grenzen,
Die bei der Geburt ihm Gott
Zum Aufenthalte gezeichnet.
Dann ruht er, seligbescheiden,
Denn alles, was er gewollt,
Das Himmlische, von selber umfängt
Es unbezwungen, lächelnd
Jetzt, da er ruhet, den Kühnen.

Halbgötter denk ich jetzt
Und kennen muß ich die Teuern,
Weil oft ihr Leben so
Die sehnende Brust mir beweget.
Wem aber, wie, Rousseau, dir,
Unüberwindlich die Seele,
Die starkausdauernde, ward,
Und sicherer Sinn
Und süße Gabe zu hören,
Zu reden so, daß er aus heiliger Fülle
Wie der Weingott, törig göttlich

Und gesetzlos sie, die Sprache der Reinesten, gibt
Verständlich den Guten, aber mit Recht
Die Achtungslosen mit Blindheit schlägt,
Die entweihenden Knechte, wie nenn ich den Fremden?

Die Söhne der Erde sind, wie die Mutter,
Alliebend, so empfangen sie auch
Mühlos, die Glücklichen, Alles.
Drum überraschet es auch
Und schröckt den sterblichen Mann,
Wenn er den Himmel, den
Er mit den liebenden Armen
Sich auf die Schultern gehäuft,
und die Last der Freude bedenket;
Dann scheint ihm oft das Beste,
Fast ganz vergessen da,
Wo der Strahl nicht brennt,
Im Schatten des Walds
Am Bielersee in frischer Grüne zu sein,
Und sorglosarm an Tönen,
Anfängern gleich, bei Nachtigallen zu lernen.

Und herrlich ists, aus heiligem Schlafe dann
Erstehen und aus Waldes Kühle
Erwachend, abends nun
Dem milderen Licht entgegenzugehn,
Wenn, der die Berge gebaut
Und den Pfad der Ströme gezeichnet,
Nachdem er lächelnd auch
Der Menschen geschäftiges Leben,
Das othemarme, wie Segel
Mit seinen Lüften gelenkt hat,
Auch ruht und zu der Schülerin jetzt,

Der Bildner, Gutes mehr
Denn Böses findend,
Zur heutigen Erde der Tag sich neiget. –

Dann feiern das Brautfest Menschen und Götter,
Es feiern die Lebenden all,
Und ausgeglichen
Ist eine Weile das Schicksal.
Und die Flüchtlinge suchen die Herberg,
Und süßen Schlummer die Tapfern,
Die Liebenden aber
Sind, was sie waren, sie sind
Zu Hause, wo die Blume sich freuet
Unschädlicher Glut und die finsteren Bäume
Der Geist umsäuselt, aber die Unversöhnten
Sind umgewandelt und eilen
Die Hände sich ehe zu reichen,
Bevor das freundliche Licht
Hinuntergeht und die Nacht kommt.

Doch einigen eilt
Dies schnell vorüber, andere
Behalten es länger.
Die ewigen Götter sind
Voll Lebens allzeit; bis in den Tod
Kann aber ein Mensch auch
Im Gedächtnis doch das Beste behalten,
Und dann erlebt er das Höchste.
Nur hat ein jeder sein Maß.
Denn schwer ist zu tragen
das Unglück, aber schwerer das Glück.
Ein Weiser aber vermocht es
Vom Mittag bis in die Mitternacht,

Und bis der Morgen erglänzte,
Beim Gastmahl helle zu bleiben.

Dir mag auf heißem Pfade unter Tannen oder
Im Dunkel des Eichwalds gehüllt
In Stahl, mein Sinclair! Gott erscheinen oder
In Wolken, du kennst ihn, da du kennest, jugendlich,
Des Guten Kraft, und nimmer ist dir
Verborgen das Lächeln des Herrschers
Bei Tage, wenn
Es fieberhaft und angekettet das
Lebendige scheinet oder auch
Bei Nacht, wenn alles gemischt
Ist ordnungslos und wiederkehrt
Uralte Verwirrung.

John von Düffel

Der Geruch des Wassers

Und ich rieche das Wasser selbst: grünes, wildes Wasser, das in einem breiten Strom wirbelnd dahinfließt. Noch bevor ich mich setze und schaue, noch bevor ich das Wasser gesehen habe, rieche ich seine kühle Frische, diesen Atem des Wassers in der frühlingshaften Luft, rieche, wie das Aufschwappen der Wellen an den Rändern des Flußbettes die Steine dazu bringt, ihren gewölbe-ähnlichen Geruch auszuströmen, benetzt von Wasser, beschienen von einer blassen Frühjahrssonne. Und dann sehe ich, wie das Wasser mit leichtem Wellenschlag den Steinen in alle Poren kriecht und ihnen ihre volle Färbung wiedergibt und ihren eigenen Geruch, den Atem des Wassers und der Steine. Und ich setze mich ans Ufer und schaue aufs Wasser, das frühjahrsgrün dahinfließt, mit unzähligen knospenartigen kleinen Strudeln, die ineinander spielen, aufquellen und sich trollen, im März, kurz vor Basel, am Rhein.

Friedrich Schlegel

Rheinfahrt

Wie kühn auch andre Quellen sprudeln, brausen,
Wo sonst die Dichter schöne Weihe tranken,
Den Kunstberg stets anklimmend ohne Wanken,
Bis wo die ewig heitern Götter hausen;

Ich wähle dich, o Rhein, der du mit Sausen
Hinwogst durch enger Felsen hohe Schranken,
Wo Burgen hoch am Abhang auf sich ranken,
Ans Herz den Wandrer greift ein ahndend Grausen.

Schnell fliegt in Eil, auf grünlich hellen Wogen,
Das Schifflein munter hin, des deutschen Rheines.
Wohlauf gelebt! das Schifflein kehrt nicht wieder;

Mut, Freud' in vollen Bechern eingesogen,
Krystallen flüssig Gold des alten Weines,
Singend aus freier Brust die Heldenlieder.

Clemens Brentano

Wie klinget die Welle

Wie klinget die Welle,
Wie wehet ein Wind,
O selige Schwelle
Wo wir geboren sind.

Du himmlische Bläue,
Du irdisches Grün,
Voll Lieb und voll Treue,
Wie wird mein Herz so kühn.

Wie Reben sich ranken
Mit innigem Trieb,
So meine Gedanken
Habt hier alles lieb.

Da hebt sich kein Wehen
Da regt sich kein Blatt
Ich kann draus verstehen,
Wie lieb man mich hier hat.

Ihr himmlischen Fernen,
Wie seyd ihr mir nah.
Ich griff nach den Sternen
Hier aus der Wiege ja.

Treib nieder und nieder
Du herrlicher Rhein,
Du kömmst mir ja wieder
Und läßt nie mich allein

Meine Mühle ist brochen
Und klappert nicht mehr,
Mein Herz hör ich pochen,
Als wenns die Mühle wär.

O Vater, wie bange
War mir es nach dir,
Horch meinem Gesange,
Dein Sohn ist wieder hier

Du spiegelst und gleitest
Im mondlichen Glanz,
Die Arme du breitest
Empfange meinen Kranz

Wolfgang Müller von Königswinter

Mein Herz ist am Rheine

Mein Herz ist am Rheine, im heimischen Land,
Mein Herz ist am Rhein, wo die Wiege mir stand,
Wo die Jugend mir liegt, wo die Freunde mir blühn,
Wo die Liebste mein denket mit wonnigem Glühn;
O wie ich geschwelget in Liedern und Wein:
Wo ich bin, wo ich gehe, mein Herz ist am Rhein!

Dich grüß ich, du breiter, grüngoldiger Strom,
Euch Schlösser und Dörfer und Städte und Dom,
Ihr goldenen Saaten im schwellenden Tal,
Dich Rebengebirge im sonnigen Strahl,
Euch Wälder und Schluchten, dich Felsengestein:
Wo ich bin, wo ich gehe, mein Herz ist am Rhein!

Dich grüß ich, o Leben, mit sehnender Brust,
Beim Liede, beim Weine, beim Tanze die Lust,
Dich grüß ich, o treues, o wackres Geschlecht,
Die Frauen so wonnig, die Männer so recht,
Eur Streben, eur Leben, o mög es gedeihn:
Wo ich bin, wo ich gehe, mein Herz ist am Rhein!

Mein Herz ist am Rheine, im heimischen Land,
Mein Herz ist am Rhein, wo die Wiege mir stand,
Wo die Jugend mir liegt, wo die Freunde mir blühn:

Wo die Liebste mein denket mit wonnigem Glühn;
O möget ihr immer dieselben mir sein:
Wo ich bin, wo ich gehe, mein Herz ist am Rhein!

Karl Simrock

Warnung vor dem Rhein

An den Rhein, an den Rhein, zieh nicht an den Rhein,
  Mein Sohn, ich rate dir gut:
Da geht dir das Leben zu lieblich ein,
  Da blüht dir zu freudig der Mut.

Siehst die Mädchen so frank und die Männer so frei,
  Als wär es ein adlig Geschlecht;
Gleich bist du mit glühender Seele dabei:
  So dünkt es dich billig und recht.

Und zu Schiffe, wie grüßen die Burgen so schön
  Und die Stadt mit dem ewigen Dom!
In den Bergen, wie klimmst du zu schwindelnden Höhn
  Und blickst hinab in den Strom!

Und im Strome, da tauchet die Nix aus dem Grund,
  Und hast du ihr Lächeln gesehn,
Und sang dir die Lurlei mit bleichem Mund,
  Mein Sohn, so ist es geschehn:

Dich bezaubert der Laut, dich betört der Schein,
  Entzücken faßt dich und Graus:
Nun singst du nur immer: »Am Rhein, am Rhein«,
  Und kehrst nicht wieder nach Haus.

Nun, gute Nacht!

Nun, gute Nacht! mein Leben,
Du alter, treuer Rhein,
Deine Wellen schweben
Schon im klaren Sternenschein;
Die Welt ist rings entschlafen,
Es singt den Wolkenschaafen
Der Mond ein Lied.

Der Schiffer schläft im Nachen
Und träumet von dem Meer,
Du aber, du mußt wachen
Und trägst das Schiff einher.
Du führst ein freies Leben,
Durchtanzest bei den Reben
Die ernste Nacht.

Wer dich gesehn, lernt lachen;
Du bist so freudenreich,
Du labst das Herz der Schwachen
Und machst den Armen reich,
Du spiegelst hohe Schlösser,
Und füllest große Fässer
Mit edlem Wein.

Auch manchen lehrst du weinen,
Dem du sein Lieb entführt,
Gott wolle die vereinen,
Die solche Sehnsucht rührt.
Sie irren in den Hainen
Und von den Echosteinen
Erschallt ihr Weh.

Und manchen lehret beten
Dein tiefer Felsengrund,
Wer dich in Zorn betreten,
Den ziehst du in den Schlund.
Wo deine Strudel brausen,
Wo deine Wirbel sausen,
Da beten sie.

Mich aber lehrst du singen,
Wenn dich mein Aug' ersieht,
Ein freudenselig Klingen
Mir durch den Busen zieht.
Treib fromm nur meine Mühle,
Jetzt scheid' ich in der Kühle
Und schlummre ein.

Ihr lieben Sterne decket
Mir meinen Vater zu.
Bis mich die Sonne wecket,
Bis dahin mahle du.
Wird's gut, will ich dich preisen,
Dann sing' in höhern Weisen
Ich dir ein Lied.

Nun werf ich dir zum Spiele
Den Kranz in deine Fluth,
Trag' ihn zu seinem Ziele,
Wo dieser Tag auch ruht.
Und nun muß ich mich wenden
Und segnend dich vollenden
Den Abendsang.

August Heinrich Hoffmann von Fallersleben

Abschied vom Rhein

———•◆•———

Rüdesheim, 17. August 1857

So muß ich wieder von dir scheiden,
Von dir und deiner Herrlichkeit,
Strom meiner Freuden, meiner Leiden
    Seit langer Zeit.

Erinnrung spiegelt alles milder
In deiner hellen Flut zurück;
Verklärt erscheinen alle Bilder
    Von Leid und Glück.

Ich trink in deinem Saft der Reben
Mir Jugendfrisch und Lebensglut,
Und wonneselig muß ich schweben
    Um deine Flut.

Und kehr ich nimmer, nimmer wieder,
Soll's ewig nun geschieden sein,
So weih ich dir doch Grüß und Lieder
    Und denke dein.

»Im Hintergrund singt
der graue Rhein«

———•——◆——•———

Der Rhein als Kulisse

Robert Reinick

Sonntags am Rheine

Des Sonntags in der Morgenstund
Wie wandert's sich so schön
Am Rhein, wann rings in weiter Rund
Die Morgenglocken gehn!

Ein Schifflein zieht auf blauer Flut,
Da singt's und jubelt's drein;
Du Schifflein, gelt, das fährt sich gut
In all die Lust hinein?

Vom Dorfe hallet Orgelton,
Es tönt ein frommes Lied,
Andächtig dort die Prozession
Aus der Kapelle zieht.

Und ernst in all die Herrlichkeit
Die Burg herniederschaut
Und spricht von alter, guter Zeit,
Die auf den Fels gebaut.

Das alles beut der prächtge Rhein
An seinem Rebenstrand,
Und spiegelt recht im hellsten Schein
Das ganze Vaterland,

45

Das fromme, treue Vaterland
In seiner vollen Pracht,
Mit Lust und Liedern allerhand
Vom lieben Gott bedacht.

Peter Cornelius

Rheinische Lieder

In der Ferne

Mit hellem Sang und Harfenspiel
Möcht ich die Welt durchreisen,
Und wo's am besten mir gefiel',
Da säng ich meine Weisen.

Dann zög ich vor dein Haus am Rhein,
Die Saiten laut zu schlagen,
Und sänge von der Liebe mein
Und Frühlingswundersagen.

Wenn Rheinesluft mein Herz verspürt,
Dann sing ich hell und weidlich,
Du lauschtest wohl und sprächst gerührt:
»Der Harfner singt ganz leidlich!«

Man reichte mir die Gabe hin,
Ich aber sänge wieder:
»Ei, weißt du noch nicht, wer ich bin
Und kennst nicht meine Licder?

Und wär mein Singen Seraphsang,
Und gäbst du goldne Kronen,

Was da vor deiner Tür erklang
Das kann nur Liebe lohnen.«

Und jubelnd ließ ich dann am Rhein
Mein Herz an deinem schlagen,
Und sänge von der Liebe mein
Und Frühlingswundersagen.

Botschaft

Liebendes Wort,
Dich send ich fort!
Suche dir dort
Am Rheinesstrande,
Suche dir dort
Den schönsten Ort.

Liebender Mut,
Der nimmer ruht,
Kühl' in der Flut
Am Rheinesstrande,
Kühl' in der Flut
Der Sehnsucht Glut!

Liebender Sinn,
Wo ich auch bin,
Fliege mit hin
Zum Rheinesstrande,
Fliege mit hin,
Ihr Herz gewinn!

Liebender Sang
Töne nicht bang!
Dir zum Empfang
Am Rheinesstrande,
Dir zum Empfang
Tönt süßer Klang!

Liebender Brust
Werde bewußt,
Wie jede Lust
Am Rheinesstrande,
Wie jede Lust
Ich missen mußt'.

Liebendem Drang,
Folg ich so lang,
Bis ich errang
Am Rheinesstrande,
Bis ich errang
Dein Ziel, mein Sang!

Am Rheine

O Lust am Rheine,
Am heimischen Strande!
Im sonnigen Scheine
Erglühen die Lande,
Es lachen die Haine,
Die Felsengesteine
Im Strahlengewande,
Am heimischen Strande,
Am wogenden Rheine!

49

O Lust am Rheine!
O traute Genossen,
Die gerne im Weine
Die Herzen ergossen,
In froher Gemeine
Im Freundesvereine,
Mich liebend umschlossen,
O traute Genossen!
O Lust am Rheine!

O Lust am Rheine!
O wonnige Frauen!
Wie Perlen im Schreine,
Wie Blumen auf Auen!
Und eine ist meine,
Und schöner ist keine,
Nicht eine, zu schauen;
O Krone der Frauen!
O Lust am Rheine!

Gedenken

Kehr ich zum heimischen Rhein,
   Lacht mir so hold
   Leuchtendes Gold,
Dein Gold, rheinischer Wein!

Kehr ich zum heimischen Rhein,
   Augen so licht
   Fehlen da nicht;
Sternhell glänzet ihr Schein.

Kehr ich zum heimischen Rhein,
   Wecket sein Lauf
   Lieder mir auf,
Drinnen im Herzensschrein.

Und so gedenke du mein!
   Weil ja mein Sang
   Dir auch erklang,
Mägdlein, Blume am Rhein!

Willi Ostermann

Einmal am Rhein

———◆———

Einmal am Rhein,
Und dann zu zwei'n alleine sein,
Einmal am Rhein,
Beim Gläschen Wein,
Beim Mondenschein!
Einmal am Rhein –
Du glaubst die ganze Welt ist dein,
Es lacht der Mund,
Zu jeder Stund',
Das kranke Herz,
Es wird gesund,
Komm, ich lade dich ein:
Einmal zum Rhein!

Justinus Kerner

Das Fräulein am Rhein

Rot stund die Sonne wohl über dem Rhein,
Das Fräulein trat an das Fensterlein.

Dem Fräulein war es im Herzen gar bang,
Es sah so bleich das Gebirge entlang.

Das Fräulein mit heller Stimme ruft:
»Herab, o Täublein, aus blauer Luft!«

Ein Täublein weiß ihm flog auf die Hand,
Das Fräulein einen Brief um den Hals ihm band:

»Lieb Täublein, schwinge dich über den Rhein
Und sag ihm, daß ich muß eine Nonne sein.

Lieb Täublein, schwing dich bald wieder her,
Dein harret ein Herze voll Sorgen schwer.«

Es glänzte wie Mondschein, es blinkte wie Tau,
Das Täublein schwamm durch den Himmel blau.

Es sank die Sonne wohl in den Rhein,
Das Fräulein trat an das Fensterlein.

Mit heller Stimme es ruft und ruft:
»Herab, o Täublein, aus blauer Luft!«

Da blinkt es wie Tau und wie Mondenschein.
Doch weh, ach! es war nur ein Schifflein im Rhein.

Doch als die Sonne schon stund in dem Tal,
Das Fräulein rufte zum drittenmal.

Da kam es herüber wohl über den Rhein,
Es schien nicht wie Tau, nicht wie Mondenschein.

Mit Ächzen es schwarz durch die Lüfte sich wand, –
Ein Rabe flog auf des Fräuleins Hand.

Bleich stund der Mond wohl über den Rhein,
Zwei Leichen lagen in seinem Schein.

Clemens Brentano

Auf dem Rhein

Ein Fischer saß im Kahne,
Ihm war das Herz so schwer
Sein Lieb war ihm gestorben,
Das glaubt er nimmermehr.

Und bis die Sternlein blinken,
Und bis zum Mondenschein
Harrt er sein Lieb zu fahren
Wohl auf dem tiefen Rhein.

Da kömmt sie bleich geschlichen,
Und schwebet in den Kahn
Und schwanket in den Knieen,
Hat nur ein Hemdlein an.

Sie schwimmen auf den Wellen
Hinab in tiefer Ruh,
Da zittert sie, und wanket,
Feinsliebchen, frierest du?

Dein Hemdlein spielt im Winde,
Das Schifflein treibt so schnell,
Hüll dich in meinem Mantel,
Die Nacht ist kühl und Hell.

Stumm strekt sie nach den Bergen
Die weißen Arme aus,
Und lächelt, da der Vollmond
Aus Wolken blickt heraus.

Und nickt den alten Thürmen,
Und will den Sternenschein
Mit ihren starren Händlein
Erfassen in dem Rhein.

O halte dich doch stille,
Herzallerliebstes Gut!
Dein Hemdlein spielt im Winde,
Und reißt dich in die Flut.

Da fliegen große Städte,
An ihrem Kahn vorbei,
Und in den Städten klingen
Wohl Glocken mancherlei.

Da kniet das Mägdlein nieder,
Und faltet seine Händ'
Aus seinen hellen Augen
Ein tiefes Feuer brennt.

Feinsliebchen bet hübsch stille,
Schwank nit so hin und her,
Der Kahn möcht uns versinken,
Der Wirbel reißt so sehr.

In einem Nonnenkloster
Da singen Stimmen fein,
Und aus dem Kirchenfenster
Bricht her der Kerzenschein.

Da singt Feinslieb gar helle,
Die Metten in dem Kahn,
Und sieht dabei mit Thränen
Den Fischerknaben an.

Da singt der Knab gar traurig
Die Metten in dem Kahn
Und sieht dazu Feinsliebchen
Mit stummen Blicken an.

Und roth und immer röther
Wird nun die tiefe Flut,
Und bleich und immer bleicher
Feinsliebchen werden thut.

Der Mond ist schon zerronnen
Kein Sternlein mehr zu sehn,
Und auch dem lieben Mägdlein
Die Augen schon vergehn.

Lieb Mägdlein, guten Morgen,
Lieb Mägdlein gute Nacht!
Warum willst du nun schlafen,
Da schon der Tag erwacht?

Die Türme blinken sonnig,
Es rauscht der grüne Wald,
Vor wildentbrannten Weisen,
Der Vogelsang erschallt.

Da will er sie erwecken,
Daß sie die Freude hör,
Er schaut zu ihr hinüber,
Und findet sie nicht mehr.

Ein Schwälblein strich vorüber,
Und netzte seine Brust,
Woher, wohin geflogen,
Das hat kein Mensch gewußt.

Der Knabe liegt im Kahne
Läßt alles Rudern sein,
Und treibet weiter, weiter
Bis in die See hinein.

Ich schwamm im Meeresschiffe
Aus fremder Welt einher,
Und dacht an Lieb und Leben,
Und sehnte mich so sehr

Ein Schwälblein flog vorüber,
Der Kahn schwamm still einher,
Der Fischer sang dies Liedchen,
Als ob ichs selber wär.

Am Rhein

Auf Bergeshöh'
Den Pfad entlang,
Auf off'ner See
Beim Harfenklang.

Im Frührotschein,
Bei blauer Luft,
Am Rhein, am Rhein
Beim Blumenduft.

Im Himmelsraum
Den Vögelschwarm,
Im Hirn den Traum,
Ganz sonder Harm.

Im Abendrot
Das Tal hinab,
Und dann, dann tot,
Allein im Grab.

Am Rhein bei Breisach

Waren wir es, die am Flusse gingen
An dem Tag, da spät die Sonne kam
Und ihr Licht warf in bewegten Ringen
Durch den Wirrwarr von Gebüsch und Stamm?

Große Vögel, ruhgen Flügelschlages
Folgten sich im letzten Schein des Tages.

Wer hat Mut, daß er die Blüte bricht?
Wessen Hand,
Die zuvor die fremde noch umspannt,
Zittert nicht?

Uns zur Seite war das dunkle Fließen,
Unaufhaltsam trieb der Strom dahin
Helle Körper, fröhlich mitgerissen.
Und du sagtest, Liebe ist Gewinn ...
Silbern überm Wasser lag dein Land.
Wessen Hand
Zittert nicht?

Wie entschwindet plötzlich dein Gesicht,
Wächst und steht schon jenseits und zerrinnt.
Nie mehr werd ich Sehnsucht aus ihm lesen.

Leide nicht.
Tief im Herzen wohnt uns die Gefahr.
Laß mich glauben, es sei gut gewesen,
Wie es war.

Wolf Biermann

Ballade von Leipzig nach Köln

Zur Messe in Leipzig, ein Kaufmann aus Köln
War jung und war reich und war schön
»Du Blonde, du Weiche, ich heirate dich
Kannst mit mir nach Westen gehn.«

Im Opel-Rekord ging es leicht nach Berlin
Nach Köln mit dem Flugzeug so schnell
»Du junger, du reicher, du schöner Mann
jetzt heiraten wir auf der Stell!«

Ach! mit dem Strom fahrn die Schiffe so schnell
Auf dem Rhein dahin, dahin
Ach! gegen den Strom geht es langsam zurück
Ich weiß nicht, wie traurig ich bin

»Du Blonde, du Weiche, wir heiraten nicht
Ich erbe doch Vaters Fabrik
Ich kauf dir ein Häuschen in Düsseldorf
Damit meine Frau uns nicht sieht.«

Der Rhein fließt unter den Brücken hin
Das Wasser voll Öl und voll Ruß
Die Lorelei stürzt in den Rhein
Damit sie nicht singen muß

Ach! mit dem Strom fahrn die Schiffe so schnell
Auf dem Rhein dahin, dahin
Ach! gegen den Strom geht es langsam zurück
Ich weiß nicht, wie traurig ich bin

Guillaume Apollinaire

Mai

Im Mai im schönen Mai in Booten auf dem Rhein
Herab von Bergeshöhe schauten Damen heiter
Ihr seid so schön jedoch das Boot es gleitet weiter
Die Uferweiden weinen was macht ihnen Pein

Die Blüten hinter uns erstarrten an den Bäumen
Die Blütenblätter die im Mai der Kirschbaum gibt
Sind *ihre* Fingernägel die ich so geliebt
Verwelkt sind sie wie Augenlider über Träumen

Gemach auf einem Weg entlang den Stromesrand
Folgten Zigeuner dort mit Affe Bär und Hunden
Dem Zirkuswagen dem ein Esel vorgespannt
Indes im Weingelände das der Rhein durchwand
Mit ferner Pfeifen Lied ein Regiment entschwunden

Der Mai der schöne Mai schmückt die Ruinen mild
Mit Efeu Heckenrosen und mit wildem Weine
In Uferweiden spielt und wühlt der Wind vom Rheine
In Rebenblüten nackt und plauderhaftem Schilf

Rose Ausländer

September

Diese letzte Klausur
des Sommers
ehe das Laub
gelb wird und fällt

Dies Farbenspiel
vor dem Ade
grüne Schwingungen
Blumenschaum blitzende Kiesel
vor dem Ade

Im Hintergrund singt der graue Rhein:
Es geht
zu Ende

Spatzen wehren sich
gegen den Wind
der schon wild ist

Wir wehren uns
gegen das Gelb
auf unsrer Haut
trinken den letzten Glanz
der sinkenden Sonne

Joachim Ringelnatz

Rheinkähne

Den Rhein durchgleiten die großen
Kähne. Breit und flach.
Es sitzen zwei Badehosen
Auf dem hintersten Dach.

In diesen Hosen stecken
Zwei Männer, nackt und braun.
Die lieben das Tempo der Schnecken
Und schimpfen auf ihre Fraun.
Und mustern die fremden Weiber,
Die strandlängs promeniern.
Glauben doch oft nackte Leiber,
Daß sie an sich imponieren.

Wie ausgetretene Schuhe
Sind diese Kähne. Hat jeder Kahn
Solch friedlich häusliche Ruhe,
Hat keiner das Getue
Der preußischen Eisenbahn.

In jedem Kinderwagen
Am Strande rollt ein Kind.
Keins dieser Kinder wird fragen,
Was Schleppkähne sind.

Ernst Stadler

Fahrt über die Kölner Rheinbrücke bei Nacht

Der Schnellzug tastet sich und stößt die Dunkelheit entlang.
Kein Stern will vor. Die ganze Welt ist nur ein enger,
   nachtumschienter Minengang,
Darein zuweilen Förderstellen blauen Lichtes jähe Horizonte
   reißen: Feuerkreis
Von Kugellampen, Dächern, Schloten, dampfend, strömend . .
   nur sekundenweis . .
Und wieder alles schwarz. Als führen wir ins Eingeweid der
   Nacht zur Schicht.
Nun taumeln Lichter her . . verirrt, trostlos vereinsamt . .
   mehr . . und sammeln sich . . und werden dicht.
Gerippe grauer Häuserfronten liegen bloß, im Zwielicht
   bleichend, tot – etwas muß kommen . . oh, ich fühl es schwer
Im Hirn. Eine Beklemmung singt im Blut. Dann dröhnt der
   Boden plötzlich wie ein Meer:
Wir fliegen, aufgehoben, königlich durch nachtentrissne Luft,
   hoch übern Strom. O Biegung der Millionen Lichter, stumme
   Wacht,
Vor deren blitzender Parade schwer die Wasser abwärts rollen.
   Endloses Spalier, zum Gruß gestellt bei Nacht!
Wie Fackeln stürmend! Freudiges! Salut von Schiffen über
   blauer See! Bestirntes Fest!
Wimmelnd, mit hellen Augen hingedrängt! Bis wo die Stadt mit
   letzten Häusern ihren Gast entläßt.

Und dann die langen Einsamkeiten. Nackte Ufer. Stille. Nacht.
  Besinnung. Einkehr. Kommunion. Und Glut und Drang
Zum Letzten, Segnenden. Zum Zeugungsfest. Zur Wollust.
  Zum Gebet. Zum Meer. Zum Untergang.

Erich Fried

Rheinmärchen

Zwei Radfahrer
– Männlein und Weiblein –
stießen nieder ins Wasser
nach Fischen

Sie konnten die Fische
nicht finden:
das Wasser war viel zu verschmutzt

Sie fanden jedoch
ihren Tod:
das Wasser war giftig

Acht Möwen
nahmen die Räder
und fuhren auf Fischsuche
meerwärts

Vier Möwen
pro Fahrrad
denn für eine
war ein Rad zu groß

Das Kaninchen
im Ufergras
nahm von all dem
keine Notiz

Verstaubt, wie Burgen

Verstaubt, wie Burgen ragen Speicher, Lagerhallen,
Packhäuser, Werften. Silos, Hebewerke
Hantiern, klirrn, spielen leicht mit ihrer Stärke.
Bahnzüge rollen, prasselnde Anker fallen.
Enttauchen grüne Männer jach der Flut
Mit Scharen wilder Weiber und Harpunen?
Nein, Schaum nur bäumt um Kiel und Kai und Buhnen,
Juchspritzer wirft die buntbewimpelte Flut.
   Nicht Hai noch Nix beißt in die Sielen dir,
   Nicht Abgründe, nicht Klippen drohen hier;
   Rings Rudern, Rufen, Steuern, Drängen.
   Schärf Aug und Ohr, hallo! und acht der Spur;
   Hol über! acht der Flöße und Dampfer nur,
   Die tausendfach im Strom sich winden und zwängen.

»Oben Lust,
im Busen Tücken«

*Die Naturgewalt
des Rheinstroms*

Undines gewaltiger Vater

Ich bin bereit, dem Rhein alles zu glauben, nur seine sommerliche Heiterkeit habe ich ihm nie glauben können; ich habe diese Heiterkeit gesucht, aber nie gefunden; vielleicht ist es ein Augenfehler oder ein Gemütsfehler, der mich hinderte, diese Heiterkeit zu entdecken.

Mein Rhein ist dunkel und schwermütig, ist zu sehr Flußhändlerischer Schläue, als daß ich ihm sein sommerliches Jünglingsgesicht glauben könnte.

Ich bin mit den weißen Schiffen gefahren, über die Rheinhöhen gegangen, mit dem Fahrrad von Mainz bis Köln, von Rüdesheim bis Deutz, von Köln bis Xanten gefahren, im Herbst, im Frühjahr und im Sommer, ich habe während des Winters in kleinen Hotels gewohnt, die nahe am Fluß lagen, und mein Rhein war nie der Sommer-Rhein.

Mein Rhein ist der, den ich aus meiner frühesten Kindheit kenne: ein dunkler, schwermütiger Fluß, den ich immer gefürchtet und geliebt habe; drei Minuten nur von ihm entfernt bin ich geboren; ich konnte noch nicht sprechen, soeben laufen, da spielte ich schon an seinen Ufern: bis zu den Knien wateten wir im Laub der Alleebäume, suchten nach unseren Papierrädern, die wir dem Ostwind anvertraut hatten, der sie – zu schnell für unsere Kinderbeine – westwärts trieb, auf die alten Festungsgräben zu.

Es war Herbst, Sturm herrschte, Regenwolken und der bittere Rauch der Schiffsschornsteine hingen in der Luft; abends war Windstille, Nebel lag im Rheintal, dunkel tuteten die Nebelhörner, rote, grüne Signallichter an den Mastkörben schwebten wie auf Gespensterschiffen vorbei, und wir beugten uns über die Brückengeländer und hörten die hellen, nervösen Signalhörner der Flößer, die rheinabwärts fuhren.

Winter kam: Eisschollen, so groß wie Fußballplätze, weiß, mit einer hohen Schneeschicht bedeckt; still war der Rhein an diesen klaren Tagen; die einzigen Passagiere waren die Krähen, die sich von den Eisschollen in Richtung Holland treiben ließen, auf ihren riesigen, phantastisch eleganten Taxis ruhig dahinfahrend.

Viele Wochen lang blieb der Rhein still: schmale, graue Wasserrinnen nur zwischen den großen weißen Schollen. Möwen segelten unter den Brückenbogen her, Schollen brachen sich splitternd an den Pfeilern, und im Februar oder März warteten wir atemlos auf die große Drift, die vom Oberrhein kam. Arktisch anmutende Eismassen kamen von dort oben, und man könnte nicht glauben, daß dies ein Fluß ist, an dem Wein wächst, guter Wein. Vielschichtig schob sich das krachende, splitternde Eis an Dörfern und Städten vorbei, riß Bäume um, drückte Häuser ein, kam gelöster, schon weniger gefährlich nach Köln. Zweifellos, es gibt zwei Rheine: den oberen, den Weintrinkerrhein, den unteren, den Schnapstrinkerrhein, den man weniger kennt und für den ich plädiere; ein Rhein, der sich mit seinem Ostufer nie so recht ausgesöhnt hat, bis heute nicht; wo früher die Opferfeuer der Germanen rauchten, rauchen jetzt die Schornsteine, von Köln rheinabwärts bis weit nördlich Duisburg: rote, gelbe, grüne Flammen, die gespenstische Kulisse großer Industrien, während das westliche, das linke Ufer mehr noch einem Hirtenufer gleicht: Kühe, Weidenbäume, Schilf und die Spuren römischer Winterlager; hier standen sie, die römischen Soldaten, starrten auf das unversöhnliche Ostufer; opferten der Venus, dem Dionys, feierten die Geburt der Agrippina: ein rheinisches Mädchen war die Tochter des Germanicus, Enkelin Caligulas, Mutter Neros, Frau und Mörderin des Claudius, später von ihrem Sohn Nero ermordet. Rheinisches Blut in den Adern Neros!

Geboren war sie inmitten von Kasernen: Reiterkasernen, Matrosenkasernen, Fußvolkkasernen, und im Westend auch damals schon die Villen der Händler, Verwaltungsbeamten, Offiziere, Warmwasserbäder, Schwimmhallen; noch hat die Neuzeit diesen Luxus nicht ganz eingeholt, der zehn Meter unter den Spielplätzen unserer Kinder im Schutt der Jahrhunderte begraben liegt.

Zu viele Heere hat dieser Fluß gesehen, der alte grüne Rhein, Römer, Germanen, Hunnen, Kosaken, Raubritter – Sieger und Besiegte, und – als letzte Boten der sich vollziehenden Geschichte – die den weitesten Weg hatten: die Jungen aus Wisconsin, Cleveland oder Manila, die den Handel fortsetzten, den römische Söldner um das Jahr Null herum begonnen hatten. Zuviel Handel, zuviel Geschichte hat dieser breite, grünlichgrau dahinfließende Rhein gesehen, als daß ich ihm sein sommerliches Jünglingsgesicht glauben könnte. Glaubhafter ist seine Schwermut, seine Dunkelheit; auch die düsteren Ruinen der Raubritterburgen auf seinen Bergen sind nicht Delikte eines sehr fröhlichen Interregnums. Römischer Flitter wurde im Jahre Null hier gegen germanische Frauenehre getauscht und im Jahr 1947 Zeißgläser gegen Kaffee und Zigaretten, die kleinen weißen Räucherstäbchen der Vergänglichkeit. Nicht einmal die Nibelungen, die dort wohnten, wo der Wein wächst, waren ein sehr fröhliches Geschlecht, Blut war ihre Münze, deren eine Seite Treue, deren andere Verrat war.

Der Weintrinkerrhein hört ungefähr bei Bonn auf, geht dann durch eine Art Quarantäne, die bis Köln reicht; hier fängt der Schnapstrinkerrhein an; das mag für viele bedeuten, daß der

Rhein hier aufhört. Mein Rhein fängt hier an, er wechselt in Gelassenheit und Schwermut über, ohne das, was er oben gelernt und gesehen hat, zu vergessen, immer ernster wird er auf seine Mündung zu, bis er in der Nordsee stirbt, seine Wasser sich mit denen des großen Ozeans mischen; der Rhein der lieblichen mittelrheinischen Madonnen fließt auf Rembrandt zu und verliert sich in den Nebeln der Nordsee.

Mein Rhein ist der Winterrhein, der Rhein der Krähen, die auf Eisschollen nordwestwärts ziehen, den Niederlanden zu, ein Breughel-Rhein, dessen Farben Grüngrau sind, Schwarz und Weiß, viel Grau, und die bräunlichen Fassaden der Häuser, die sich erst wieder auftakeln, wenn der Sommer naht; der stille Rhein, der noch elementar genug ist, sich die Emsigkeit der Hermes-Anbeter für einige Wochen wenigstens vom Leibe zu halten, und souverän sich selbst beherrscht, nur Vögeln, Fischen und Eisschollen sein altes Bett überläßt. Und ich habe immer noch Angst vor dem Rhein, der im Frühjahr böse werden kann, wenn Hausrat im Fluß dahintreibt, ertrunkenes Vieh, entwurzelte Bäume; wenn auf die Uferbäume Plakate mit dem roten Wort *Warnung* geklebt werden, die lehmigen Fluten steigen, wenn die Ketten, an denen die mächtigen schwimmenden Bootshäuser befestigt sind, zu reißen drohen, Angst vor dem Rhein, der unheimlich und so sanft durch die Träume der Kinder murmelt, ein dunkler Gott, der bewiesen haben will, daß er noch Opfer fordert: heidnisch, Natur, nichts von Lieblichkeit, wird er breit wie ein Meer, dringt in Wohnungen ein, steigt grünlich in den Kellern hoch, quillt aus Kanälen, brüllt unter Brückenbogen dahin: Undines gewaltiger Vater.

Conrad Ferdinand Meyer

Der Rheinborn

Ich bin den Rhein hinauf gezogen
Durch manches schatt'ge Felsentor,
Entlang die blauen, frischen Wogen
Zu seinem hohen Quell empor.

Ich glaubte, daß der Rhein entspringe,
So liedervoll, so weinumlaubt,
Aus eines Sees lichtem Ringe,
Doch fand ich nicht, was ich geglaubt.

Indem ich durch die Matten irrte
Nach solchen Bornes Freudeschein,
Wies schweigend der befragte Hirte
Empor mich zum Granitgestein.

Ich klomm und klomm auf schroffen Stiegen,
Verwognen Pfaden, öd und wild,
Und sah den Born im Dunkel liegen
Wie einen erzgegoßnen Schild.

Fernab von Herdgeläut und Matten
Lag er in eine Schlucht versenkt,
Bedeckt von schweren Riesenschatten,
Aus Eis und ew'gem Schnee getränkt –

Ein Sturz! Ein Schlag! Und aus den Tiefen
Und aus den Wänden brach es los:
Heerwagen rollten! Stimmen riefen
Befehle durch ein Schlachtgetos!

Rheinbilder

———— ❖ ————

I
Das Tal

Mit dem grauen Felsensaal
Und der Handvoll Eichen
Kann das ruhevolle Tal
Hundert andern gleichen.

Kommt der Strom mit seinem Ruhm
Und den stolzen Wogen
Durch das stille Heiligtum
Prächtig hergezogen,

Und auf einmal lacht es jetzt
Hell im klarsten Scheine,
Und dies Liederschwälbchen netzt
Seine Brust im Rheine!

II
Stilleben

Durch Bäume dringt ein leiser Ton,
Die Fluten hört man rauschen schon,

Da zieht er her die breite Bahn,
Ein altes Städtlein hängt daran

Mit Türmen, Linden, Burg und Tor,
Mit Rathaus, Markt und Kirchenchor;
So schwimmt denn auf dem grünen Rhein
Der goldne Nachmittag herein.

Im Erkerhäuschen den Dechant
Sieht man, den Römer in der Hand,
Und über ihm sehr stille steht
Das Fähnlein, da kein Lüftchen geht.

Wie still! Nur auf der Klosterau
Keift fernhin eine alte Frau;
Im kühlen Schatten nebendran
Dumpf donnert's auf der Kegelbahn.

III
Frühgesicht

Es donnert über der Pfaffengaß
Des weiland heil'gen römischen Reiches
Wie Gottes Heerschild jähen Streiches;
Der Morgen dämmert rosig blaß.

Und wie der Schlag weithin verhallt,
Wogt eine graue Nebelmasse,
Als zög ein Heervolk seine Straße,
Das auf den Wassern endlos wallt.

Im Zwielicht raget Dom an Dom,
An allen Fenstern lauscht's verstohlen;
Doch auf gedankenleichten Sohlen
Vorüber eilt der Schattenstrom.

Das rauscht und tauschet Hand und Kuß,
Der Sturmhauch rührt verjährte Fahnen
Wie neues Hoffen, altes Mahnen,
Erschauernd wie ein Geistergruß.

Was brav und mannhaft ist, vereint
Zieht es, den letzten Streit zu schlagen;
Es klirrt zu Fuß, zu Roß und Wagen,
Zum Freunde wird der alte Feind,
Und neben Siegfried reitet Hagen.

Lieselotte Nerlich

Hochwasser am Rhein

— • ✦ • —

Der Himmel sendet Regengrüße;
den Leinpfad sperrt der Vater Rhein.
Das Bundeshaus hat nasse Füße;
sogar der Fährbetrieb stellt ein.

Wo nur der Bäume Wipfel ragen
aus Wassermassen trüb und braun,
wo Fluten an den Ufern nagen,
eilt auch der Mensch hin, um zu schaun.

Das Wasser netzt die Straßendecke,
was Kindern – planschend – Freude macht.
Kanuten dient als Slalomstrecke
der Weg, für Räder sonst gedacht.

Ein Panz mit Rad rast durch die Fluten,
fühlt sich als Freizeitkapitän.
Des Stromes Wasser schnell sich sputen:
der Rhein ist heute Souverän.

Der Pegelstand steigt immer schneller;
das Dreesen wird zum Wasserschloß.
Grundwasser steht in manchem Keller,
reicht schließlich bis zum Erdgeschoß.

Kann Vater Rhein wohl nicht verzeihen
der Menschen Abfall? Stück für Stück
wird er vom Unrat sich befreien
und läßt am Ufer ihn zurück. –

Heinrich Heine

Berg' und Burgen schau'n herunter

Berg' und Burgen schau'n herunter
In den spiegelhellen Rhein,
Und mein Schiffchen segelt munter,
Rings umglänzt von Sonnenschein.

Ruhig seh' ich zu dem Spiele,
Goldner Wellen, kraus bewegt:
Still erwachen die Gefühle,
Die ich tief im Busen hegt'.

Freundlich grüßend und verheißend
Lockt hinab des Stromes Pracht;
Doch ich kenn' ihn, oben gleißend,
Birgt sein Inn'res Tod und Nacht.

Oben Lust, im Busen Tücken,
Strom, du bist der Liebsten Bild!
Die kann auch so freundlich nicken,
Lächelt auch so fromm und mild.

»Mein Blick folgt jenem
alten Spazierweg«

———•——◆——•———

An den Ufern des Rheins

Karl Baedeker

Rheinreise von Basel bis Düsseldorf

Die genußreichste Art, das engere Rheintal, die Strecke von
Mainz bis Bonn zu bereisen, ist unstreitig die »Fußwanderung«.
Man ist frei, kann sich ungehindert nach allen Richtungen hin
bewegen, verweilen, wo man will, Höhen besteigen und kleine
Seitenthäler besuchen. Wer frisch umherschaut mit gesunden
Sinnen, wird auf einer Fußwanderung am besten alle die Schön-
heiten auffinden, welche das gesegnete Rheinthal in so reichem
Maße darbietet, und sich ihrer mit offenem Herzen erfreuen.

Seitdem täglich zehn und mehr Dampfboote den Mittelrhein
stromauf- und -abwärts fahren, kann man die Vortheile des
Dampfschiff-Reisens mit den Annehmlichkeiten der Fußwanderung verbinden, wenn man an den Orten, wo Höhen besonders anziehende Aussichten gewähren, oder wo in den Städten
Merkwürdiges zu sehen ist, das Schiff verläßt und zur Weiter-
reise das nächstfolgende Schiff benutzt.

(…) Wer beabsichtigt, das Dampfschiff einigemale zu verlassen, sende lieber sein Gepäck nach Köln, Koblenz oder Mainz
voraus. Ein kleiner Reisesack, oder noch besser, eine Reiseta-
sche, die man umhängt, wird leicht so viel aufnehmen können,
als man Wäsche zu einer mehrtägigen Fußwanderung ge-
braucht.

Und auch in den kleinen Orten und Dörfern am Rheine gibt
es gute Gasthöfe oder Wirtshäuser.

Die Mehrzahl der Reisenden ist der Meinung, daß man die

Schönheiten des Rheins gesehen habe, wenn man auf Dampf-
boot oder Eisenbahn flüchtig auf- und abgefahren sei. Es kann
nicht oft genug wiederholt werden, daß keine Meinung irriger
ist, als diese. So hübsch auch die Landschaft im Vorüberfahren
sich darstellt, so entfaltet die Gegend doch ihre herrlichen Reize
erst auf den Höhen.

Friedrich Wilhelm Hackländer

Eine Reise im neuen Styl

Beim heutigen Zustand der Verkehrsmittel geschieht es leicht, daß man das vorgesteckte Ziel einer Reise um ein Bedeutendes überschweift. So ging es mir so eben, und wenn mich auch mein Weg nicht in unbekannte Länder führte, von denen ich viel Neues und Seltsames mittheilen könnte, so ist doch die Schnelligkeit merkwürdig, mit der ich eine große Strecke durchflogen, Anfangs durch rauchende Locomotiven oder schmetternde Posthörner verführt, am Ende aus Neugier, um zu sehen, in wie viel Zeit man von Cöln über Aachen und Brüssel nach Ostende und von dort über Antwerpen und Rotterdam wieder den Rhein hinauf gelangen könne. – Es war Donnerstag Mittag, als wir von Cöln mit dem Convoi nach Aachen fuhren. Seit die neue Eisenbahn beide Städte verbindet, hatte ich den Weg nicht mehr gemacht, und da ich ihn früher öfters zu Pferde, mit der Post, sowie mit langsamen Miethkutschern zurückgelegt, so empfand ich recht die Segnungen der neuen Einrichtung. Um die Annehmlichkeit der Eisenbahn recht zu schätzen, muß man bekannte Strecken durchfahren, wo man an einzelnen Häusern, Dörfern, Bäumen deutlich erkennt, wie entsetzlich schnell man alles das erreicht, was man früher im Staube der Chaussee so langsam und beschwerlich einholte. In Folge der Festlichkeiten in der Rheinprovinz waren den Locomotiven ungewöhnlich viele, dicht besetzte Wagen angehängt. Das lachte und schrie durcheinander, deutsch, französisch und wallonisch, bis zum großen Königsdorfer Tunnel, der wie ein langer schwarzer Gedankenstrich die lustige Conversation unterbrach. Es ist wirklich ein eigenes Gefühl, so plötzlich aus der Helle des Tages in eine Nacht hineingerissen zu werden, die durch die vollkommenste Finsterniß und den Mangel an genießbarer Luft einem Vorhof der Hölle gleicht. Alle muntern Gespräche verstummen, die Maschine kracht und klirrt auf betäubende Weise, und Jeder schließt die Augen, theils weil man im Dunkeln überhaupt hiezu geneigt ist, theils um sie vor dem Dampf und Kohlenstaub zu schützen, der das Gewölbe anfüllt. Der Tunnel ist eine starke halbe Stunde lang, und ob man ihn gleich in drei Minuten durchfliegt, erscheint doch diese kurze Zeit sehr lang. Man hat bei der Bahn von Cöln nach Aachen sehr bedeutende Terrainschwierigkeiten zu überwinden gehabt. Außer diesem großen Tunnel gibt es noch einen kleinen, eine Unzahl von Brücken über verschiedene kleine Flüsse, und bei Aachen einen großen Viaduct, der die Bahn über das Wurmthal führt und dessen mittlere Pfeiler einige achtzig Fuß hoch sind. In Folge der vielen Zwischenstationen braucht man zwei und eine halbe Stunde Zeit, um zu der alten Kaiserstadt zu gelangen die von Cöln fünfzehn Stunden Wegs entfernt ist.

Wilhelm Raabe

Lindau

—◦—

Wer in dieser Nacht durch die Gassen der alten Freien Reichs-
stadt Lindau wandelte und, was freilich nicht zu vermuten
stand, einen Sinn für Naturschönheit hatte, der mochte wohl
über der augenblicklichen Lieblichkeit der Erde vergessen, wie
wild es auf eben dieser Erde immer noch aussah, trotzdem die
drei greisen Kriegsgesellen sich soeben erst über die nichtswür-
dige Friedensseligkeit und jammerhafte Langeweile, die ihnen
in ihrem Alter zuteil geworden waren, so herzzerbrechend be-
klagt hatten. Im silbernen Mondenglanz lag jetzt der See rund
um die Inselstadt her und spülte nur lind und leise an die uralten Mauern. Drüben kam der junge Rhein wahrlich friedlich
aus dem Graubündnerland hervor; aber auch der, nachdem er
den großen See durchströmt, Konstanz gegrüßt und bei Schaffhausen den lustigen Sprung gewagt hatte, sah und vernahm in
seinem fernern Laufe mancherlei, was nicht nach Frieden klang
und aussah.

Eduard Mörike

Am Rheinfall

Halte dein Herz, o Wanderer, fest in gewaltigen Händen!
   Mir entstürzte vor Lust zitternd das meinige fast.
Rastlos donnernde Massen auf donnernde Massen geworfen,
   Ohr und Auge wohin retten sie sich im Tumult?
Wahrlich, den eigenen Wutschrei hörete nicht der Gigant hier,
   Läg er, vom Himmel gestürzt, unten am Felsen gekrümmt!
Rosse der Götter, im Schwung, eins über dem Rücken des
                                andern,
   Stürmen herunter und streun silberne Mähnen umher;
Herrliche Leiber, unzählbare, folgen sich, nimmer dieselben,
   Ewig dieselbigen – wer wartet das Ende wohl aus?
Angst umzieht dir den Busen mit eins und, *wie* du es denkest,
   Über das Haupt stürzt dir krachend das Himmelsgewölb!

Theodor Fontane

Am Rheinfall bei Schaffhausen

Die ganze Rheinfall-Szenerie übertrifft weitaus meine Erwartungen, so das ganze Rheintal überhaupt, in dem wir gestern hierher fuhren. Rheinfelden, Säckingen und vor allem Laufenburg sind sehr schön. Schon vor zehn Jahren, als ich von Interlaken und Zürich aus heimkehrte, bin ich daran vorübergefahren, aber ohne das geringste zu sehn. So reist man jetzt. Wahrscheinlich war ich müde und steckte auch nicht ein einziges Mal den Kopf zum Fenster hinaus. Der Rheinfall wirkt wie die Jungfrau. Was dort der Schnee tut, tut hier der Wasserschaum. Man steht hier wie dort einem Etwas gegenüber, das einen durch Reinheit beglückt. Dazu verwandte Farbenwunder. Inmitten dieser Schaummasse, die völlig wie ein Schneesturz niederdonnert, werden smaragdene Töne sichtbar, die an Schönheit mit dem Alpenglühen wetteifern können. *Dies* hier ist ein Punkt für Hochzeitsreisende! Von Hotel zu Hotel traben oder Galerien absuchen kann dem tapfersten Recken den honeymoon verleiden, aber in diesem Schweizerhof 14 Tage leben und das Dasein in Liebe, Rheinfall und substantial breakfasts gipfeln zu sehen, muß für einen 25jährigen himmlisch sein: Selbst die Langeweile verliert hier ihren Charakter. Es braucht hier nichts gesagt zu werden, ja es *soll* hier nichts gesagt werden. Die Natur ist in einem steten Donner, und wenn es donnert, schweigt der Mensch. So wird hier auf natürlichem Wege, und fast von Schicklichkeits wegen, die Klippe vermieden, an der fast alle Liebespaare scheitern: die Unterhaltungsnot. Gesagt ist alles, und *immer* küssen geht über die menschliche Kraft. Deshalb gehe denn heute auch nur *ein* Kuß in die Heimat; über die Adresse schweig ich verschämt.

Friedrich Schlegel

Basel

Ist die grünliche Farbe des Rheins schon unten sehr auffallend, so ist dies noch weit mehr der Fall bei dem schön gelegenen Basel; hier ist er meist völlig grün.

Diese Stadt besitzt in der öffentlichen Sammlung manche sehr merkwürdigen Gemälde von Holbein, die ihn noch von einer andern Seite zeigen, als er in dem Portrait erscheint, wo er so vortrefflich ist, aber durchaus fast nur in einer und derselben Manier. Es finden sich hier auch historische Gemälde, und zwar in sehr verschiedenen Arten. (...) Kurz, in diesen historischen Gemälden Holbeins ist die größte Vielseitigkeit eben so sichtbar, als die nähere Hinneigung zur italiänischen Manier, von welcher Dürer so durchaus in allen Stücken entfernt blieb. Unter den Bildnissen sind, außer den schon erwähnten, mehrere ausgezeichnet vollendete in der bekannten, vortrefflichen, durchaus objektiven Behandlungsart des Holbein; einige Stücke dieser Art zieren auch die Mechelsche Sammlung zu Basel. Von dem bekannten, an der Mauer gemalten Totentanz, ist nur wenig mehr zu sehen.

Der Dom ist herrlich auf einem weit umhersehenden Hügel gelegen; die Bauart ist aber schwerfällig, und ungleich weniger zierlich als an den (...) Denkmalen der gotischen Kunst.

Johann Wolfgang von Goethe

Straßburg

Und so sah ich denn von der Plattform die schöne Gegend vor
mir, in welcher ich eine Zeit lang wohnen und hausen durfte:
die ansehnliche Stadt, die weitumherliegenden, mit herrlichen
dichten Bäumen besetzten und durchflochtenen Auen, diesen
auffallenden Reichthum der Vegetation, der dem Laufe des
Rheins folgend, die Ufer, Inseln und Werder bezeichnet. Nicht
weniger mit mannichfaltigem Grün geschmückt ist der von Süden herab sich ziehende flache Grund, welchen die Iller bewäs-
sert; selbst westwärts, nach dem Gebirge zu, finden sich manche Niederungen, die einen eben so reizenden Anblick von
Wald und Wiesenwuchs gewähren, so wie der nördliche mehr
hügelige Theil von unendlichen kleinen Bächen durchschnitten
ist, die überall ein schnelles Wachsthum begünstigen. Denkt
man sich nun zwischen diesen üppig ausgestreckten Matten,
zwischen diesen fröhlich ausgesäeten Hainen alles zum Frucht-
bau schickliche Land trefflich bearbeitet, grünend und reifend,
und die besten und reichsten Stellen desselben durch Dörfer
und Meierhöfe bezeichnet, und eine solche große und unüber-
sehliche, wie ein neues Paradies für den Menschen recht vorbe-
reitete Fläche näher und ferner von theils angebauten, theils
waldbewachsenen Bergen begränzt, so wird man das Entzücken
begreifen, mit dem ich mein Schicksal segnete, das mir für
einige Zeit einen so schönen Wohnplatz bestimmt hatte.

Wolfgang Müller von Königswinter

Nächtliche Erscheinung zu Speier

Wach auf! erklingt's in des Schiffers Traum,
Wach auf, du Wächter am Strome!
Und über ihm rauschet der Lindenbaum,
Und zwölfe schlägt es vom Dome.
Groß vor ihm steht Einer im dunkeln Gewand,
Der Schiffer bringt ihn hinunter zum Strand,
Halb schlafend, halb wachend, wie trunken.

Und während er träge löset den Kahn,
Beginnt es um ihn zu leben:
Viel riesige hohe Gestalten nahn,
Er sieht sie nicht schreiten, nur schweben;
Es tönet kein Wort, es rauschet kein Kleid,
Wie Nebel durchziehn sie die Dunkelheit:
So steigen sie all in den Nachen.

Er sieht sie mit Staunen, mit Schrecken an,
Stößt schweigend und fürchtend vom Lande,
Kaum braucht er zu rudern, es flieget der Kahn,
Bald sind sie am andern Strande:
»Wir kommen zurück, da findst du den Lohn!« –
Gleich Wolken verschwinden im Felde sie schon,
Fern scheinen ihm Waffen zu klirren.

Er aber rudert sinnend zurück
Durch der Nacht ernstfriedliche Feier,
Wo sich die Heimat hebet dem Blick,
Das dunkeltürmige Speier,
Sitzt wach bis zum Morgen am Lindenbaum;
Und war es Wahrheit, und war es ein Traum,
Er hüllet es tief in den Busen.

Und sieh, es ruft ihn die vierte Nacht
Als Wächter wieder zum Strome.
Wohl hält er schlaflos heute die Wacht –
Da schlägt es zwölfe vom Dome.
»Hol über!« ruft es vom andern Strand,
»Hol über!« – Da stößt er den Kahn vom Land,
In stiller, banger Erwartung.

Und wieder ist es die düstere Schar,
Die schwebend den Nachen besteiget;
Der Kahn zieht wieder so wunderbar,
Doch jeder der Dunkeln schweiget.
Und als sie stoßen zu Speier ans Land,
Gibt jeder den Lohn ihm behend in die Hand;
Er aber harret und staunet.

Denn unter den Mänteln blinken voll Schein
Viel Schwerter und Panzer und Schilde,
Goldkronen und funkelndes Edelgestein
Und Seiden- und Samtgebilde;
Dann aber umhüllt sie wieder das Kleid,
Wie Nebel durchfliehn sie die Dunkelheit
Und schwinden am mächtigen Dome.

Doch wachend bleibt er am Lindenbaum
Mit sinnendem, tiefem Gemüte;
Ja, Wahrheit war es, es war kein Traum,
Als blendend der Morgen erglühte:
Er hält in den Händen das lohnende Geld;
Drauf glühen aus alter Zeit und Welt
Viel stolze Kaiserbilder.

Wohl sah er manchen Tag sie an
In forschenden, stillen Gedanken,
Da riefen sie drüben um seinen Kahn,
Das waren die flüchtigen Franken:
Geschlagen war die Leipziger Schlacht!
Das Vaterland frei von des Fremdlings Macht! –
Der Schiffer verstand die Erscheinung.

»Und löstet ihr, Kaiser, die Grabesnacht
Und die ewigen Todesbande,
Und halft in der wilden, dreitägigen Schlacht
Dem geängsteten Vaterlande,
Steigt oft noch auf und haltet es frei
Von Sünden und Schmach und Tyrannei,
Denn es tut not des Wachens!«

Brief an Adolfine von Werdeck

* ❖ *

Paris, den 28. Juli 1801

Mit welchen Empfindungen ich *Mainz* wiedererblickte, das ich schon als Knabe einmal sah – wie ließe sich das beschreiben? Das war damals die üppigste Sekunde in der Minute meines Lebens! Sechzehn Jahre, der Frühling, die Rheinhöhen, der *erste* Freund, den ich soeben gefunden hatte, und ein Lehrer wie Wieland, dessen »Sympathien« ich damals las – War die Anlage nicht günstig, einen großen Eindruck tief zu begründen?

Warum ist die Jugend die üppigste Zeit des Lebens? Weil kein Ziel so hoch und so fern ist, das sie sich nicht einst zu erreichen getraute. Vor ihr liegt eine Unendlichkeit – Noch ist nichts bestimmt, und alles möglich – Noch spielt die Hand, mutwillig zögernd, mit den Losen in der Urne des Schicksals, welche auch das *große* enthält – warum sollte sie es nicht fassen *können*? Sie säumt und säumt, indem schon die bloße Möglichkeit fast ebenso wollüstig ist, wie die Wirklichkeit – Indessen spielt ihr das Schicksal einen Zettel unter die Finger – es ist nicht das große Los, es ist keine Niete, es ist ein Los, wie es Tausende schon getroffen hat, und Millionen noch treffen wird.

Damals entwickelten sich meine ersten Gedanken und Gefühle. In meinem Innern sah es so poetisch aus, wie in der Natur, die mich umgab. Mein Herz schmolz unter so vielen begeisternden Eindrücken, mein Geist flatterte wollüstig, wie ein Schmetterling über honigduftende Blumen, mein ganzes Wesen ward fortgeführt von einer unsichtbaren Gewalt, wie eine Für-sichblüte von der Morgenluft – Mir wars, als ob ich vorher ein totes Instrument gewesen wäre, und nun, plötzlich mit dem Sinn des Gehörs beschenkt, entzückt würde über die eignen Harmonieen. –

Wir standen damals in *Bieberich* in Kantonierungsquartie-ren. Vor mir blühte der Lustgarten der Natur – eine konkave Wölbung, wie von der Hand der Gottheit eingedrückt. Durch ihre Mitte fließt der Rhein, zwei Paradiese aus einem zu ma-chen. In der Tiefe liegt *Mainz*, wie der Schauplatz in der Mitte eines Amphitheaters. Der Krieg war aus dieser Gegend geflo-hen, der Friede spielte sein allegorisches Stück. Die Terrassen der umschließenden Berge dienten statt der Logen, Wesen aller Art blickten als Zuschauer voll Freude herab, und sangen und sprachen Beifall – Oben in der Himmelsloge stand Gott. Hoch an dem Gewölbe des großen Schauspielhauses strahlte die Gi-randole der Frühlingssonne, die entzückende Vorstellung zu be-leuchten. Holde Düfte stiegen, wie Dämpfe aus Opferschalen, aus den Kelchen der Blumen und Kräuter empor. Ein blauer Schleier, wie in Italien gewebt, umhüllte die Gegend, und es war, als ob der Himmel selbst hernieder gesunken wäre auf die Erde –

Ach, ich entsinne mich, daß ich in meiner Entzückung zuwei-len, wenn ich die Augen schloß, besonders einmal, als ich an dem Rhein spazieren ging, und so zugleich die Wellen der Luft und des Stromes mich umtönten, eine ganze vollständige Sinfo-nie gehört habe, die Melodie und alle begleitenden Akkorde, von der zärtlichen Flöte bis zu dem rauschenden Kontra-Vio-lon. Das klang mir wie eine Kirchenmusik, und ich glaube, daß alles, was uns die Dichter von der Sphärenmusik erzählen, nichts Reizenderes gewesen ist, als diese seltsame Träumerei.

Zuweilen stieg ich allein in einen Nachen und stieß mich bis auf die Mitte des Rheins. Dann legte ich mich nieder auf den

Boden des Fahrzeugs, und vergaß, sanft von dem Strome hinabgeführt, die ganze Erde, und sah nichts, als den Himmel –

Wie diese Fahrt, so war mein ganzes damaliges Leben – Und jetzt! – Ach, das Leben des Menschen ist, wie jeder Strom, bei seinem Ursprunge am höchsten. Es fließt nur fort, indem es fällt – In das Meer müssen wir alle – Wir sinken und sinken, bis wir so niedrig stehen, wie die andern, und das Schicksal *zwingt* uns, so zu sein, wie die, die wir verachten –

Ich habe in der Gegend von Mainz jeden Ort besucht, der mir durch irgend eine Erinnerung heilig war, die Insel bei Bieberich, die ich mit *Müllern*, oft im größten Sturm, umschiffte – das Ufer zwischen Bieberich und Schierstein, an welchem *Gleißenberg* mich einmal mitten in der Nacht, als der Schiffer schelmisch aus unserm Kahn gesprungen war, hinanstieß – das Lager bei Marienborn, wo ich noch Spuren einer Höhle fand, die ich einmal mit *Barßen*, uns vor der Sonne zu schützen, in die Erde begraben hatte –

Von Mainz aus fuhr ich mit Ulriken auf dem Rheine nach Koblenz – Ach, das ist eine Gegend, wie ein Dichtertraum, und die üppigste Phantasie kann nichts Schöneres erdenken, als dieses Tal, das sich bald öffnet, bald schließt, bald blüht, bald öde ist, bald lacht, bald schreckt. Pfeilschnell strömt der Rhein heran von Mainz, als hätte er sein Ziel schon im Auge, als sollte ihn nichts abhalten, es zu erreichen, als wollte er es, ungeduldig, auf dem kürzesten Wege ereilen. Aber ein Rebenhügel (der Rheingau) beugt seinen stürmischen Lauf, sanft aber mit festem Sinn, wie eine Gattin den stürmischen Willen ihres Mannes, und zeigt ihm mit stiller Standhaftigkeit den Weg, der ihn ins Meer führen wird – Und er ehrt die edle Warnung und gibt sein voreiliges Ziel auf, und durchbricht, der freundlichen Weisung folgend, den Rebenhügel nicht, sondern umgeht ihn, mit beruhigtem Laufe seine blumigen Füße ihm küssend –

Aber still und breit und majestätisch strömt er bei *Bingen* heran, und sicher, wie ein Held zum Siege, und langsam, als ob er seine Bahn doch wohl vollenden würde – Und ein Gebirge (der Hundsrück) wirft sich ihm in den Weg, wie die Verleumdung der unbescholtenen Tugend. Er aber durchbricht es, und wankt nicht, und die Felsen weichen ihm aus, und blicken mit Bewunderung und Erstaunen auf ihn hinab – doch *er* eilt verächtlich bei ihnen vorüber, aber ohne zu frohlocken, und die einzige Rache, die er sich erlaubt, ist diese, ihnen in seinem klaren Spiegel ihr schwarzes Bild zu zeigen –

Und hier in diesem Tale, wo der Geist des Friedens und der Liebe zu dem Menschen spricht, wo alles, was Schönes und Gutes in unsrer Seele schlummert, lebendig wird, und alles, was niedrig ist, schweigt, wo jeder Luftzug und jede Welle, freundlichgeschwätzig, unsere Leidenschaften beruhigt, und die ganze Natur gleichsam den Menschen einladet, vortrefflich zu sein – o war es möglich, daß dieses Tal ein Schauplatz werden konnte für den Krieg? Zerstörte Felder, zertretene Weinberge, ganze Dörfer in Asche, Festen, die unüberwindlich schienen, in den Rhein gestürzt – Ach, wenn ein *einziger* Mensch so viele Frevel auf seinem Gewissen tragen sollte, er müßte niedersinken, erdrückt von der Last – Aber eine ganze Nation errötet niemals. Sie dividiert die Schuld mit 30 000 000, da kömmt ein kleiner Teil auf jeden, den ein Franzose ohne Mühe trägt. – *Gleim* in Halberstadt nahm mir das Versprechen ab, als ein *Deutscher* zurückzukehren in mein Vaterland. Es wird mir nicht schwer werden, dieses Versprechen zu halten.

Mainz, versunkene Stadt

———•—◆—•———

Die Stadt, an die ich denke und von der ich sprechen will, liegt auf dem Grund der Gewässer, tief unter der Flut. Wieviele Faden tief? Da schon am ›großen Bassin‹ der Badeanstalt Watrin, knapp einen Laufsteg vom Ufer weg, zu lesen stand: ›Vorsicht! Nur für Schwimmer! Fünf Meter tief!‹ – so muß die Flut, in der die alte Stadt versunken ist, mindestens zehnmal so tief sein. Denn in Watrins großem Schwimmbassin konnte man, mit einem Kopfsprung (oder ›Schlubbert‹) vom hohen Trampolin, leicht auf den Grund tauchen und einen Stein heraufholen, es lag eine ganze Sammlung solcher Steine, vom Rhein glatt gespült, auf dem Fensterbrett meines Knabenzimmers. Von unserer alten Stadt aber unter der Flut holt kein Mensch mehr einen Stein herauf, und wenn er die Flossen eines Froschmanns hätte.

Es ist eine Flut, so mächtig wie die, die einst das ganze mittelrheinische Becken bedeckte, und von der unser ›Großer Sand‹, – die Schleifstätte der Rekruten, Zeugnis abgelegt, – auch der schöne Muschelkalk, den man in der Umgebung findet. Aber sie ist von einer vollkommenen Durchsichtigkeit, klarer als die Luft, und nicht nur einmal im Jahr, sondern täglich hört man zu den geheiligten Stunden die Stadtglocken brausen. Spiegelklar, wie durch ein scharfes Fernglas, sieht man die alten Gassen, die alten Plätze, die alten Häuser und Kirchen, und es schwimmen keine Fische, es weht kein Tang zwischen ihren Mauern: aus und ein gehen Menschen, – Du kennst sie alle, sie sind Dir ganz vertraut, – auch wenn Du sie nicht hören kannst, weißt Du, wie ihre Stimmen klingen, wie ihre Mundart lautet, – und es ist gleich, ob sie vor fünfzig Jahren gelebt haben, als Du jung warst, oder vor hundert und aber hundert, oder ob sie morgen erst leben werden. Denn sie sind das Volk, das Volk Deiner Stadt.

Da gehen sie ein und aus, rasch und langsam, geschäftig oder der Muse hingegeben, dem Gewerbe nach oder zum Abendschoppen ins Wirtshaus, und die Namen der Gassen und Plätze, die ihnen selbstverständlich sind, klingen wie der Tropfenfall der Geschichte, wie der Widerhall der Legenden: da ist die Golden Luft, der Kästrich, die Umbach, (in die man auch fallen kann, denn wenn jemand ohnmächtig wurde, hieß es: der is in die Umbach gefalle), – da ist der Flachsmarkt, die Heidelbergerfaßgaß, die Reicheclarastraß, da ist die große, die mittlere, die hintere Bleich, wo man früher wirklich einmal die Wäsche aufhing, noch bevor dort nah beim Schloßplatz die prächtige Barockkirche St. Peter gebaut wurde und das Kurfürstliche Schloß, und dann zerstört, und dann wieder gebaut, – da gibt es den Brand und die Mitternacht, das Kapuzinergäßchen, die Schlossergaß, und in der Korbgasse und im Seilergäßchen lebten noch wirklich die Korbmacher und die Seiler, man konnte sie in Gewölben ihr Geflecht binden sehen und betastete die langen, gedrehten Seile, die in dicken Bündeln auf der Straße hingen, – so wie man am Fischtor zusehen konnte, wie die frischgefangenen Rheinsalmen oder eine Ladung blankschuppiger Seefische in den Hof der Fischhandlung unseres Onkels Wallau geschafft wurden. Der Mittelpunkt aber war der Markt, groß, langgezogen, reich besetzt, dicht bevölkert, – vom Fischtorgäßchen, bei dem auch der Fischmarkt lag, weiter am Dom vorbei und am Liebfrauenplatz, um den herrlichen alten Marktbrunnen herum, bis zum Höfchen hin, wo die Stände und Körbe im Frühling überquollen von Gemüsen und wo es nach

Kräutern und Früchten, aber auch nach Zwiebeln und Handkäs roch. Ob es wohl heute noch so mächtige, durch Körperfülle und Zungenfertigkeit gleichermaßen imponierende Originalgestalten gibt, wie die Marktweiber von dazumal? Sie kamen von Mombach, oder Budenheim, noch mit dem bespannten Fuhrwerk, einige wohl auch mit der Pferdebahn, die mit lautem Hufklappern, Achsenrattern und Klingeln vom Kaisertor durch die schmalen Straßen bis zum Neutor trabte, sie kamen von Gonsenheim, Finthen und Bretzenheim mit der Dampfbahn, die so langsam fuhr, daß die Buben aus ihren Fenstern heraus reife Kirschen von den Bäumen pflückten, und die schnaufend und prustend am Münsterplatz anhielt: von dort marschierten die Marktfrauen, mit wiegenden aber festen Schritten, den großen schweren Korb überm wohlfrisierten, festgeflochtenen ›Nest‹ auf den Kopf gestellt, von einem ringartigen, weichen Tragkreuz unterstützt, die Hände in die Hüften gestemmt oder die Arme leicht schlenkernd, immer ein Witzwort auf den Lippen oder auf Anruf zu einer schlagfertigen Antwort bereit, – so schritten sie dahin, die Große Bleich entlang und dann durch die engeren Straßen bis zu ihren Marktständen [...]

Verhaßte Spaziergänge, im guten Anzug am Sonntag Nachmittag: ›Am Rhein entlang‹, – es ist Herbst, die Blätter der Platanen liegen gehäuft auf der Promenade, man kann sie mit den Stiefelspitzen in immer größeren Haufen vor sich her schieben, so wie man es gern bei der Fronleichnamsprozession mit den auf die Straße gestreuten, schon etwas angewelkt duftenden Gräsern und Blumen tut. Jetzt duftet es bitterlich von den Laubhaufen, und das Rheinwasser, rasch und klar vorüberströmend, noch frei von Dieselöl, mischt seinen scharfen, sauberen Hauch hinein. Zur Ingelheimer Au, über die Drehbrücke beim alten Zollhafen, gehts an dem hübschen Favoritenschlößchen gottseliger Kurfürsten vorbei, oder nach Osten, an den verschiedenen

Toren entlang, an der Straßenbrücke, der Stadthalle, dem Fischtor, man sieht den unheimlich anheimelnden Holzturm, in dem
der Schinderhannes gesessen hat, man lugt voll Sehnsucht auf
den Halleplatz, auf dem im Frühling und Herbst die märchenhafte ›Mess‹ ihre bunten Buden aufschlägt und das Rasseln und
Schmettern der Karusselwerke auf den ›Dippemarkt‹ hinüber
schallt, wo Hausfrauen und Köchinnen um das oder jenes Ge-
schirr feilschen, ach, der brenzlige Geruch der ›Waffeln‹, der
süßfade Geschmack des ›Messklumpens‹, einer grellroten oder
giftgrünen Zuckerstange, die man langsam spitzlutscht, – aber
im Winter ist dort, wenns die Witterung erlaubt, die Eisbahn zu
finden, blanke Fläche, über die der Schlittschuh zischt und von
der seine Schneide einen mehligen Eisstaub abkratzt, man läuft
mit überkreuzten Händen zum Takt der Musik oder versucht
sich in ungeschickten ›Bogen‹, während am Eingang Bäcker-
frauen ein nach oben geschwelltes, in der Mitte geteiltes Back-
werk ausbieten, das man ›Buweschenkel‹ nennt, die dickeren
hießen ›Boppeschenkel‹, es wäre ein Traum für den Dr. Freud
gewesen. Und dann kommt der alte Floßhafen, der Winterha-
fen, in dem mancher Schlepper oder Lastkahn vor Anker liegt,
und von dem in der Sylvesternacht um zwölf, zum Dröhnen der
Domglocken, das Tuten, Pfeifen und Bimmeln aus Dampfer-
schloten und von Schiffsglöckchen erschallt, während fau-
chende Raketen zum Nachthimmel steigen und mit taubem
Knall ihre farbigen Lichtsplitter versprühen. Das ›Schiffervier-
tel‹ wird beim Spaziergang ausgelassen, obwohl es da – gleich
hinterm Dom und dem Leichhof oder der Augustinerstraße –
die interessantesten alten Gäßchen gibt. Aber die besseren
Leute umgehen sie lieber. Dort gibt es, sagen die Eltern,
›Schlechte Kerl‹, Lumpen, die schon bei Tag betrunken sind und
mit dem Messer stechen. Besonders im Dunkeln müsse man
sich vor dieser Gegend hüten, sagen sie, dort sei es nicht ge-
heuer. Hätten sie eine Ahnung, wie oft man sich, gerade bei

Dunkelheit, von ihren Warnungen angestachelt, in seinen ersten langen Hosen schlotternd, dort hingeschlichen hat, – daß man die Bierkneipen in der Schlossergasse kennt, mit ihrem Fuselgeruch und ihren scheppernden Orchestrions, die ›Schiffige‹ aus Holland, Köln oder Straßburg, in ihren dunkelblauen Strickjacken und Sweaters, manche mit tätowierten Armen und goldenen Ohrringen, (nur eine Messerstecherei hat man leider nie erlebt), – ja sogar das berüchtigte Kapellhofgäßchen, wo in schmalen groß numerierten Fachwerkhäusern das Laster haust, und die roten Laternen blühn. So bunt ist die Stadt, so voll von dichtgehäuftem Leben, zwischen ihrem rötlichen Sandstein, dem matten Schiefergrau ihrer Dächer. Eng und weit, wuchtig und leicht, von bürgerlichem Ernst getragen, von frommer Weihe, vom Wandel der Geschlechter, von kindlicher Heiterkeit; auch von kindlichem Grauen besucht, Gespensterangst, heimlich grölenden Stimmen in der Nacht, dem Fauchen eines Zugs vom Bahnhof, das wie der Maulhauch eines mörderischen Ungetüms immer näher kommt, bis ins Bett hinein, – und von mancherlei drohenden, unförmigen Gestalten bei Tag, den ›Erwachsenen‹, die nie gespielt hatten, die nicht lachen konnten, unter deren pflichtbeschwertem Schritt die Stadt ein kaltes klirrendes Gefängnis wurde, eine einzige, trockene, muffig riechende Schulstube. Und doch war sie vom guten Wein durchtränkt, von Musik durchweht, deren Pflege ihre schönste Erbschaft ist: im Saal der ›Liedertafel‹ in der Großen Bleich, bei den Symphoniekonzerten des Städtischen Orchesters, in Kammer- und Hausmusik wird dem Heranwachsenden Sinn und Gehör für eine Musica viva erweckt, die ihm erst später aufgeht. [...]

Die Stadt selbst war damals noch vom alten Festungswerk umschlossen, das sich von der Zitadelle im Osten übers Gautor, Binger und Gonsenheimer Tor im Halbkreis nach Westen zog, doch hatten die hohen Wälle wohl keine andere militärische Bedeutung mehr, als daß manche unserer mehr preußisch gesinn-

ten Lehrer sie uns bei Schulspaziergängen als Zehnjährige er-
stürmen ließen. Auch ergaben sie im Winter gute Rodelbahnen.
Lag aber nur wenig oder sehr dünner Schnee, dann ging man in
eine der steileren Gassen, am liebsten die Gaugass, und zog
›scharfe Schleifen‹, die glatter waren als jede Eisbahn und auf
denen man, einen Fuß vorangestellt, viele Meter weit dahin
schlidderte. Bis man von einem wütenden Herrn oder einer äl-
teren Frau, die darauf ausgerutscht waren, verjagt wurde. Laut
höre ich ihr Schimpfen und Drohn, laut unser Johlen und Lachen aus der Flut herauf. Mein Blick folgt jenem alten Spazierweg ›Um die Tore‹, der am Linsenberg beginnt und, an der
Steinfratze des Gautor vorbei, in der ›Anlage‹ überm Neutor en-
det, wo man, die Arme aufs Geländer gestemmt, in eine weiße
Dampfwolke gehüllt, die Züge aus dem schwarzen Loch des
großen Tunnels herauskommen sah. Und man hört, von einem
der infanteristischen Übungsplätze da draußen, das dünne
Trommeln und Pfeifen, – ›He Mutter die Landwehr kommt‹, –
der Exerziermusik. Das sind ›die Preusse‹ sagt man, obschon es
gewöhnlich wohl hessische Bauernbuben und Bürgersöhne bei
den 117ern, dem ›Leibregiment‹ der Großherzogin, waren und
schauert leise bei dem Gedanken, daß man auch einmal bei
ihnen dienen müsse. Man weiß noch nicht, daß es einen August
1914 geben wird, wo man atemlos, und ahnungslos, von Kaserne zu Kaserne rennen wird, um als Freiwilliger angenommen
zu werden. Man weiß noch nicht mehr – als das, was in schöner
lebendiger Gegenwart greifbar um uns ausgebreitet liegt. Man
hört, aus den Gärten beim ›Schützenhaus‹, oberhalb der Wall-
straße und der Gonsenheimer Hohl, an einem Maiabend die
Nachtigallen flöten. Man ist sechzehn Jahre. Man schlendert
zur Stadt zurück, ruhelos. Man steht am niedrigen Steingelän-
der der Mathildenterrasse, die schon zu Römerzeiten eine die
Stadt beherrschende Bastion war, unweit vom alten Pulverturm
– es ist schwül, der Himmel hängt tief, es riecht nach Regen, der

kommen will, vielleicht wirds ein Gewitter, – der Rhein hat einen bleiernen Glanz, der Streif der Taunusberge ist ganz nah, tief dunkelblau über die Stadt getuscht, darüber noch ein schmaler, gelber Lichtstreif. Die Dächer und Türme aber fast schon im Dämmergrau versunken. Ein trüber Dunst zieht sich darüber zusammen, wie vom Schwelen der ›Newwelinge‹, der um einen Stock gewundenen Wachsringe, auf dem Friedhof am Allerseelentag. Versunken im Dämmergrau. Verschüttet. Begraben unter der Flut. Die Städte der Kindheit sind verschwunden. Auch wenn sie verschont blieben, sind sie nicht mehr die gleichen, sie sind vom Wandel berührt wie wir selbst, man findet sie nicht wieder, es führt kein Weg zurück. Jede Stadt ist Vineta.

Thomas Mann

Bekenntnisse des Hochstaplers Felix Krull

Der Rheingau hat mich hervorgebracht, jener begünstigte Landstrich, welcher, gelinde und ohne Schroffheit sowohl in Hinsicht auf die Witterungsverhältnisse wie auf die Bodenbeschaffenheit, reich mit Städten und Ortschaften besetzt und fröhlich bevölkert, wohl zu den lieblichsten der bewohnten Erde gehört. Hier blühen, vom Rheingaugebirge vor rauhen Winden bewahrt und der Mittagssonne glücklich hingebreitet, jene berühmten Siedlungen, bei deren Namensklange dem Zecher das Herz lacht, hier Rauenthal, Johannisberg, Rüdesheim, und hier auch das ehrwürdige Städtchen, in dem ich, wenige Jahre nur nach der glorreichen Gründung des Deutschen Reiches, das Licht der Welt erblickte. Ein wenig westlich des Knies gelegen, welches der Rhein bei Mainz beschreibt, und berühmt durch seine Schaumweinfabrikation, ist es Hauptanlegeplatz der den Strom hinauf und hinab eilenden Dampfer und zählt gegen viertausend Einwohner. Das lustige Mainz war also sehr nahe und ebenso die vornehmen Taunusbäder, als: Wiesbaden, Homburg, Langenschwalbach und Schlangenbad, welch letzteres man in halbstündiger Fahrt auf einer Schmalspurbahn erreichte. Wie oft in der schönen Jahreszeit unternahmen wir Ausflüge, meine Eltern, meine Schwester Olympia und ich, zu Schiff, zu Wagen und mit der Eisenbahn, und zwar nach allen Himmelsrichtungen: denn überall lockten Reize und Sehenswürdigkeiten, die Natur und Menschenwitz geschaffen. Noch sehe ich meinen Vater in kleinkariertem, bequemem Sommeranzug mit uns in irgendeinem Wirtshaus sitzen – ein wenig weitab vom Tische, weil sein Bauch ihn hinderte, nahe heranzurücken – und mit unendlichem Behagen ein Gericht Krebse nebst goldenem Rebensaft genießen. Oftmals war auch mein Pate Schimmelpreester dabei, betrachtete Land und Leute scharf prüfend durch seine rundäugige Malerbrille und nahm das Große und Kleine in seine Künstlerseele auf.

Mein armer Vater war Inhaber der Firma Engelbert Krull, welche die untergegangene Sektmarke »Lorley extra cuvée« erzeugte. Unten am Rhein, nicht weit von der Landungsbrücke, lagen ihre Kellereien, und nicht selten trieb ich mich als Knabe in den kühlen Gewölben umher, schlenderte gedankenvoll die steinernen Pfade entlang, welche in die Kreuz und Quere zwischen den hohen Gestellen hinführten, und betrachtete die Heere von Flaschen, die dort in halbgeneigter Lage übereinandergeschichtet ruhten. Da liegt ihr, dachte ich bei mir selbst (wenn ich auch meine Gedanken natürlich noch nicht in so treffende Worte zu fassen wußte), da liegt ihr in unterirdischem Dämmerlicht, und in euerem Innern klärt und bereitet sich still der prickelnde Goldsaft, der so manchen Herzschlag beleben, so manches Augenpaar zu höherem Glanze erwecken soll! Noch seht ihr kahl und unscheinbar, aber prachtvoll geschmückt werdet ihr eines Tages zur Oberwelt aufsteigen, um bei Festen, auf Hochzeiten, in Sonderkabinetten eure Pfropfen mit übermütigem Knall zur Decke zu schleudern und Rausch, Leichtsinn und Lust unter den Menschen zu verbreiten. Ähnlich sprach der Knabe; und so viel wenigstens war richtig, daß die Firma Engelbert Krull auf das Äußere ihrer Flaschen, jene letzte Ausstattung, die man fachmännisch die Coiffure nennt, ein ungemeines Gewicht legte. Die gepreßten Korke waren mit Silberdraht und vergoldetem Bindfaden befestigt und mit purpurrotem Lack übersiegelt, ja ein feierliches Rundsiegel, wie man es an Bullen und alten Staatsdokumenten sieht, hing an einer Goldschnur noch besonders herab; die Hälse waren reichlich mit glänzendem Stanniol umkleidet, und auf den Bäuchen prangte ein golden umschnörkeltes Etikett, das mein Pate Schimmelpreester für die Firma entworfen hatte und worauf außer mehreren Wappen und Sternen, dem Namenszuge meines Vaters und der Marke »Lorley extra cuvée« in Golddruck eine nur mit Spangen und Halsketten bekleidete Frauengestalt zu sehen war, welche, mit übergeschlagenem Beine auf der Spitze eines Felsens sitzend, erhobenen Armes einen Kamm durch ihr wallendes Haar führte. Übrigens scheint es, daß die Beschaffenheit des Weines dieser blendenden Aufmachung nicht vollkommen entsprach. »Krull«, mochte mein Pate Schimmelpreester wohl zu meinem Vater sagen, »Ihre Person in Ehren, aber Ihren Champagner sollte die Polizei verbieten. Vor acht Tagen habe ich mich verleiten lassen, eine halbe Flasche davon zu trinken, und noch heute hat meine Natur sich nicht von diesem Angriff erholt. Was für Krätzer verstechen Sie eigentlich zu diesem Gebräu? Ist es Petroleum oder Fusel, was Sie bei der Dosierung zusetzen? Kurzum, das ist Giftmischerei. Fürchten Sie die Gesetze!« Hierauf wurde mein armer Vater verlegen, denn er war ein weicher Mensch, der scharfen Reden nicht standhielt. »Sie haben leicht spotten, Schimmelpreester«, versetzte er wohl, indem er nach seiner Gewohnheit mit den Fingerspitzen zart seinen Bauch streichelte, »aber ich muß billig herstellen, weil das Vorurteil gegen die heimischen Fabrikate es so will – kurz, ich gebe dem Publikum, woran es glaubt. Außerdem sitzt die Konkurrenz mir im Nacken, lieber Freund, so daß es kaum noch zum Aushalten ist.« Soweit mein Vater.

Unsere Villa gehörte zu jenen anmutigen Herrensitzen, die, an sanfte Abhänge gelehnt, den Blick über die Rheinlandschaft beherrschen. Der abfallende Garten war freigebig mit Zwergen, Pilzen und allerlei täuschend nachgeahmtem Getier aus Steingut geschmückt; auf einem Postament ruhte eine spiegelnde Glaskugel, welche die Gesichter überaus komisch verzerrte, und auch eine Äolsharfe, mehrere Grotten sowie ein Springbrunnen waren da, der eine kunstreiche Figur von Wasserstrahlen in die Lüfte warf und in dessen Becken Silberfische schwammen. Um nun von der inneren Häuslichkeit zu reden, so war sie nach dem Geschmack meines Vaters sowohl lauschig wie heiter. Trauliche Erkerplätze luden zum Sitzen ein, und in einem davon stand ein wirkliches Spinnrad. Zahllose Kleinigkeiten: Nippes, Muscheln, Spiegelkästchen und Riechflakons waren auf Etageren und Plüschtischchen angeordnet; Daunenkissen in großer Anzahl, mit Seide oder vielfarbiger Handarbeit überzogen, waren überall auf Sofas und Ruhebetten verteilt, denn mein Vater liebte es, weich zu liegen; die Gardinenträger waren Hellebarden, und zwischen den Türen waren jene luftigen Vorhänge aus Rohr und bunten Perlenschnüren befestigt, die scheinbar eine feste Wand bilden und die man doch, ohne eine Hand zu heben, durchschreiten kann, wobei sie sich mit einem leisen Rauschen oder Klappern teilen und wieder zusammenschließen. Über dem Windfang war eine kleine, sinnreiche Vorrichtung angebracht, die, während die Tür, durch Luftdruck aufgehalten, langsam ins Schloß zurücksank, mit feinem Klingen den Anfang des Liedes »Freut euch des Lebens« spielte.

Johann Wolfgang von Goethe

Sankt-Rochus-Fest zu Bingen

Am 16. August 1814

»Und so betrachtet auch künftig die wiederholten Wallfahrten hieher als erneute Erinnerungen, daß ihr dem Höchsten kein größeres Dankopfer darbringen könnt als ein Herz gebessert und an geistlichen Gaben bereichert.«

Die Predigt endigte gewiß für alle heilsam; denn jeder hat die deutlichen Worte vernommen, und jeder die verständigen praktischen Lehren beherzigt.

Nun kehrt der Bischof zur Kirche zurück; was drinnen vorgegangen, blieb uns verborgen. Den Widerhall des Tedeum vernahmen wir von außen. Das Ein- und Ausströmen der Menge war höchst bewegt, das Fest neigte sich zu seiner Auflösung. Die Prozessionen reihten sich, um abzuziehen; die Büdenheimer, als zuletzt angekommen, entfernte sich zuerst. Wir sehnten uns aus dem Wirrwarr und zogen deshalb mit der ruhigen und ernsten Binger Prozession hinab. Auch auf diesem Wege bemerkten wir Spuren der Kriegs-Wehetage. Die Stationen des Leidensganges unsers Herrn waren vermutlich zerstört. Bei Erneuerung dieser könnte frommer Geist und redlicher Kunstsinn mitwirken, daß jeder, er sei wer er wolle, diesen Weg mit teilnehmender Erbauung zurücklegte.

In dem herrlich gelegenen Bingen angelangt, fanden wir doch daselbst keine Ruhe; wir wünschten vielmehr nach so viel wunderbaren, göttlichen und menschlichen Ereignissen uns geschwind in das derbe Naturbad zu stürzen. Ein Kahn führte uns flußabwärts die Strömungen. Über den Rest des alten Felsendammes, den Zeit und Kunst besiegten, glitten wir hinab; der märchenhafte Turm, auf unverwüstlichem Quarzgestein gebaut, blieb uns zur Linken, die Ehrenburg rechts; bald aber kehrten wir für diesmal zurück, das Auge voll von jenen abschließenden graulichen Gebirgsschluchten, durch welche sich der Rhein seit ewigen Zeiten hindurcharbeitete.

So wie den ganzen Morgen, also auch auf diesem Rückwege, begleitete uns die hohe Sonne, obgleich aufsteigende vorüberziehende Wolken zu einem ersehnten Regen Hoffnung gaben; und wirklich strömte er endlich alles erquickend nieder und hielt lange genug an, daß wir auf unserer Rückreise die ganze Landesstrecke erfrischt fanden. Und so hatte der heilige Rochus, wahrscheinlich auf andere Nothelfer wirkend, seinen Segen auch außer seiner eigentlichen Obliegenheit reichlich erwiesen.

Georg Forster

Von Bingen nach Koblenz

Wir saßen stundenlang auf dem Verdeck, und blickten in die grüne, jetzt bei dem niedrigen Wasser wirklich erquickend grüne, Welle des Rheins; wir weideten uns an dem reichen mit aneinander hangenden Städten besäeten Rebengestade, an dem aus der Ferne her einladenden Gebäude der Probstei Johannisberg, an dem Anblick des romantischen Mäuseturms und der am Felsen ihm gegenüber hangenden Warte. Die Berge des Niederwalds warfen einen tiefen Schatten auf das ebene, spiegelhelle Becken des Flusses, und in diesem Schatten ragte, durch einen zufälligen Sonnenblick erleuchtet, Hatto's Turm weiß hervor, und die Klippen, an denen der Strom hinunterrauscht, brachen ihn malerisch schön. Die Noh, mit ihrer kühnen Brükke und der Burg an ihrem Ufer, glitt sanft an den Mauern von Bingen hinab, und die mächtigeren Fluten des Rheins stürzten ihrer Umarmung entgegen.

Wunderbar hat sich der Rhein zwischen den engen Tälern einen Weg gebahnt. [...]

Für die Nacktheit des verengten Rheinufers unterhalb Bingen erhält der Landschaftkenner keine Entschädigung. Die Hügel zu beiden Seiten haben nicht jene stolze, imposante Höhe, die den Beobachter mit *einem* mächtigen Eindruck verstummen heißt; ihre Einförmigkeit ermüdet endlich, und wenn gleich die Spuren von künstlichem Anbau an ihrem jähen Gehänge zuweilen einen verwegenen Fleiß verraten, so erwecken sie doch immer auch die Vorstellung von kindischer Kleinfügigkeit. Das Gemäuer verfallener Ritterfesten ist eine prachtvolle Verzierung dieser Szene; allein es liegt im Geschmack ihrer Bauart eine gewisse Ähnlichkeit mit den verwitterten Felsspitzen, wobei man den so unentbehrlichen Kontrast der Formen sehr vermißt, Nicht auf dem breiten Rücken eines mit heiligen Eichen oder Buchen umschatteten Berges, am jähen Sturz, der über eine Tiefe voll wallender Saaten und friedlicher Dörfer den Blick bis in die blaue Ferne des hüglichten Horizonts hinweggleiten läßt, – nein, im engen Felstal, von höheren Bergrücken umschlossen, und, wie ein Schwalbennest, zwischen ein paar schroffen Spitzen klebend, ängstlich, hängt hier so mancher zertrümmerte, verlassene Wohnsitz der adelichen Räuber, die einst das Schrecken des Schiffenden waren. Einige Stellen sind wild genug, um eine finstre Phantasie mit Orkusbildern zu nähren, und selbst die Lage der Städtchen, die eingeengt sind zwischen den senkrechten Wänden des Schiefergebirges und dem Bette des furchtbaren Flusses, – furchtbar wird er, wenn er von geschmolzenem Alpenschnee oder von anhaltenden Regengüssen anschwillt – ist melancholisch und schauderhaft.

In Bacharach und Kaub, wo wir ausstiegen und auf einer bedeckten Galerie längs der ganzen Stadtmauer hin an einer Reihe ärmlicher, verfallener Wohnungen fortwanderten, vermehrten die Untätigkeit und die Armut der Einwohner das Widrige jenes Eindrucks. Wir lächelten, als zu Bacharach ein Invalide sich an unsere Jacht rudern ließ, um auf diese Manier zu betteln; es war aber entweder noch lächerlicher, oder, wenn man eben in einer ernsthaften Stimmung ist, empörender, daß zu St. Goar ein Armenvogt, noch ehe wir ausstiegen, mit einer Sparbüchse an das Schiff trat und sie uns hinhielt, wobei er uns benachrichtigte: das Straßenbetteln sei zu Gunsten der Reisenden von Obrigkeitswegen verboten. Seltsam, daß dieser privilegierte Bettler hier die Vorüberschiffenden, die nicht einmal aussteigen wollen, belästigen darf, damit sie nicht auf den möglichen Fall des Aussteigens beunruhigt werden!

In diesem engeren, öderen Teile des Rheintals herrscht ein auffallender Mangel an Industrie. Der Boden ist den Einwohnern allerdings nicht günstig, da er sie auf den Anbau eines einzigen, noch dazu so ungewissen Produktes, wie der Wein, einschränkt. Aber auch in ergiebigeren Gegenden bleibt der Weinbauer ein ärgerliches Beispiel von Indolenz und daraus entspringender Verderbtheit des moralischen Charakters. Der Weinbau beschäftigt ihn nur wenige Tage im Jahr auf eine anstrengende Art; bei dem Jäten, dem Beschneiden der Reben u. s. w. gewöhnt er sich an den Müßiggang, und innerhalb seiner Wände treibt er selten ein Gewerbe, welches ihm ein sicheres Brot gewähren könnte. Sechs Jahre behilft er sich kümmerlich, oder antizipiert den Kaufpreis der endlich zu hoffenden glücklichen Weinlese, die gewöhnlich doch alle sieben oder acht Jahre einmal zu geraten pflegt; und ist nun der Wein endlich trinkbar und in Menge vorhanden, so schwelgt er eine Zeitlang von dem Gewinne, der ihm nach Abzug der erhaltenen Vorschüsse übrig bleibt, und ist im folgenden Jahr ein Bettler, wie vorher. Ich weiß, es gibt einen Gesichtspunkt, in welchem man diese Lebensart verhältnismäßig glücklich nennen kann. Wenn gleich der Weinbauer nichts erübrigt, so lebt er doch sorglos, in Hoffnung auf das gute Jahr, welches ihm immer wieder aufhilft. Allein, wenn man so raisonniert, bringt man die Herabwürdigung der Sittlichkeit dieses Bauers nicht in Rechnung, die eine unausbleibliche Folge seiner unsichern Subsistenz ist. Der Landeigentümer zieht freilich einen in die Augen fallenden Gewinn vom Weinbau; denn weil er nicht aus Mangel gezwungen ist, seine Weine frisch von der Kelter zu veräußern, so hat er den Vorteil, daß sich auch das Erzeugnis der schlechtesten Jahre auf dem Fasse in die Länge veredelt, und ihm seinen ansehnlichen Gewinn herausbringen hilft. Man rechnet, daß die guten Weinländer sich, ein Jahr ins andre gerechnet, zu sieben bis acht Prozent verinteressieren, des Mißwachses unbeschadet. Es wäre nun noch die Frage übrig, ob dieser Gewinn der Gutsbesitzer den Staat für die hingeopferte Moralität seiner Glieder hinlänglich entschädigen kann? […]

Die Nähe von Koblenz rief uns bald zum zweitenmal hervor. Hier öffnet sich ein Reichtum der Natur und der Verzierung, den das Ufer des Rheins, seit der Gegend, wo der Fluß die Schweiz verläßt, nirgends zeigt. Schöne Formen von Gebirgsrücken, Baumgruppen und Gebäuden wechseln hier mit einander ab; die Hügel tragen eine dichte Krone von Wäldern; das neue kurfürstliche Schloß prangt am Ufer, und der Ehrenbreitstein hängt herrlich und erhaben auf dem jenseitigen Gebirge. Beleuchtung wäre hier wieder ein willkommnes Geschenk gewesen; allein auch heute ward uns diese Spende versagt; unser Morgenhimmel war mit dünnem, grauem Gewölk durchstreift, und uns dämmerte nur ein halbes Licht.

Wir erstiegen den Ehrenbreitstein. Nicht die unwichtige Kostbarkeit dieser Festung; nicht der Vogel Greif, jene ungeheure Kanone, die eine Kugel von hundert und sechzig Pfunden bis nach Andernach schießen soll, aber doch wohl nie geschossen hat; nicht alle Mörser, Haubitzen, Feldschlangen, Zwölf- und Vierundzwanzigpfünder, lange gezogene Röhre, Kartätschenbüchsen, Graupen, und was sonst im Zeughause oder auf den Wällen zu bewundern ist; nicht die weite Aussicht von dem höchsten Gipfel des Berges, wo Koblenz mit dem Rhein und der Mosel landkartenähnlich unter den Füßen liegt – nichts von dem allen konnte mich für den abscheulichen Eindruck entschädigen, den die Gefangenen dort auf mich machten, als sie mit ihren Ketten rasselten und zu ihren räucherigen Gitterfenstern hinaus einen Löffel steckten, um dem Mitleiden der Vorübergehenden ein Almosen abzugewinnen. Wäre es nicht billig, fiel mir dabei aufs Herz, daß ein jeder, der Menschen zum Gefängnis verurteilt, wenigstens *einen* Tag im Jahr mit eigenen Ohren ihr Gewinsel, ihre himmelstürmende Klage vernehmen müßte, damit ihn nicht der tote Buchstabe des Gesetzes, sondern eigenes Gefühl und lebendiges Gewissen von der Rechtmäßigkeit seiner Urteile überzeugte?

Heinrich Heine

Bacherach

Unterhalb des Rheingaus, wo die Ufer des Stromes ihre la-
chende Miene verlieren, Berg und Felsen, mit ihren abentheuer-
lichen Burgruinen, sich trotziger gebährden, und eine wildere,
ernstere Herrlichkeit emporsteigt, dort liegt, wie eine schaurige
Sage der Vorzeit, die finstre, uralte Stadt Bacherach. Nicht immer waren so morsch und verfallen diese Mauern mit ihren
zahnlosen Zinnen und blinden Warththürmchen, in deren Lu-
ken der Wind pfeift und die Spatzen nisten; in diesen armselig
häßlichen Lehmgassen, die man durch das zerrissene Thor er-
blickt, herrschte nicht immer jene öde Stille, die nur dann und
wann unterbrochen wird von schreyenden Kindern, keifenden
Weibern und brüllenden Kühen. Diese Mauern waren einst
stolz und stark, und in diesen Gassen bewegte sich frisches,
freyes Leben, Macht und Pracht, Lust und Leid, viel Liebe und
viel Haß. Bacherach gehörte einst zu jenen Munizipien, welche
von den Römern während ihrer Herrschaft am Rhein gegründet worden, und die Einwohner, obgleich die folgenden Zeiten
sehr stürmisch und obgleich sie späterhin unter hohenstaufi-
sche, und zuletzt unter wittelsbacher Oberherrschaft geriethen,
wußten dennoch, nach dem Beyspiel andrer rheinischen Städte,
ein ziemlich freyes Gemeinwesen zu erhalten. Dieses bestand
aus einer Verbindung einzelner Körperschaften, wovon die der
patrizischen Altbürger und die der Zünfte, welche sich wieder
nach ihren verschiedenen Gewerken unterabtheilten, beider-

seitig nach der Alleinmacht rangen: so daß sie sämmtlich nach außen, zu Schutz und Trutz gegen den nachbarlichen Raubadel, fest verbunden standen, nach innen aber, wegen streitender Interessen, in beständiger Spaltung verharrten; und daher unter ihnen wenig Zusammenleben, viel Mißtrauen, oft sogar thätliche Ausbrüche der Leidenschaft. Der herrschaftliche Vogt saß auf der hohen Burg Stahleck, und wie sein Falke schoß er herab, wenn man ihn rief und auch manchmal ungerufen. Die Geistlichkeit herrschte im Dunkeln durch die Verdunkelung des Geistes. Eine am meisten vereinzelte, ohnmächtige und vom Bürgerrechte allmählich verdrängte Körperschaft war die kleine Judengemeinde, die schon zur Römerzeit in Bacherach sich niedergelassen und späterhin, während der großen Judenverfolgung, ganze Schaaren flüchtiger Glaubensbrüder in sich aufgenommen hatte.

Emanuel Geibel

Abschied von Sankt Goar

(In Freiligraths Album.)

Wie flog im Land des Rheines
So rasch die Sommerzeit!
Schon dunkelt blauen Scheines
Die Traube weit und breit;
Es färbt das Laub sich gelber,
Der Kranich zieht dahin;
Mit zieh' ich, weil ich selber
Ein Wandervogel bin.

Fahr wohl, von Walnußbäumen
Umrauscht, mein Sankt Goar!
Das war ein süßes Träumen
In deinem Schoß fürwahr.
Wie oft im Tal der Grindel
Ward mir die Lust Gesang,
Wenn die kristallne Spindel
Der Wasserfei erklang!

Fahr wohl, du Lei der Lore
An wilder Strudel Schwall!
Noch tönt in meinem Ohre
Gedämpft dein Klagehall;

Er rief mir tief im Sinne
Die düstre Sage wach
Vom Herzen, das die Minne
Mit ihrer Falschheit brach.

Ihr Türm' und Burgen droben,
Ich grüß' euch tausendmal;
Von euerm Grün umwoben,
Wie schaut' ich gern zu Tal!
Ich sah mit trunknem Geiste
Die Sonne dort verglühn,
Und mein Gedanke kreiste
Wie euer Falk so kühn.

Fahrt wohl, ihr sonnigen Weiler,
Mein Bacharach so traut,
Wo um Sankt Werners Pfeiler
Voll Glanz der Himmel blaut;
Und Kaub voll rosiger Dirnen
Und Wesel grün von Wein;
Ich denk' an euern Firnen
Fürwahr noch weit vom Rhein.

Und du, fahr wohl, mein Dichter,
Du Mann so jugendgrün,
Und mag dir immer lichter
Das Herz von Liedern blühn!
Wohl sänge dir Besseres gerne,
Der dieses sang und schrieb:
Doch sei's – und halt auch ferne
Wie hier am Rhein ihn, lieb!

Carmen Sylva

Bonn

Wenn nur der Rhein nicht wär
und der Sonnenschein
so strahlend drüber her,
und der goldne Wein!

Und die sieben Berge nicht
und der alte Zoll,
und das Schifflein im Angesicht
mit den Segeln voll!

Und die Mägdelein so wundernett
und der Rundgesang!
Und der Morgen so schön im Bett,
und der Tag so lang!

Ach wie studierten wir
so gar fleißig Jus!
Rhein, Rhein, es liegt an dir,
daß man bummeln muß.

Friedrich Schlegel

Längs dem Rhein

Bei dem freundlichen Bonn fängt die eigentlich schöne Rheingegend an; eine reich geschmückte breite Flur, die sich wie eine große Schlucht zwischen Hügeln und Bergen eine Tagereise lang hinaufzieht bis an den Einfluß der Mosel bei Koblenz; von da bis St. Goar und Bingen wird das Tal immer enger, die Felsen schroffer, und die Gegend wilder; und hier ist der Rhein am schönsten. Überall belebt durch die geschäftigen Ufer, immer neu durch die Windungen des Stroms, und bedeutend verziert durch die kühnen, am Abhange hervorragenden Bruchstücke alter Burgen, scheint diese Gegend mehr ein in sich geschlossenes Gemälde und überlegtes Kunstwerk eines bildenden Geistes zu sein, als einer Hervorbringung des Zufalls zu gleichen. Von der flachen Gegend hinaufwärts macht den Anfang unter den vielen Ruinen, welche den Rhein verherrlichen, der Godesberg; eine der schönsten, nicht wegen der Höhe und Kühnheit, wohl aber wegen der reichen Aussicht und anmutigen Lage. Der etwas ferner gegenüber erscheinende Drachenfels macht schon die Erwartung rege nach alle den wilden und seltsamen Felsburgen, die den Fluß aufwärts umgrenzen. – Man betrachtet solche Ruinen alter Burgen entweder nur mit einer oberflächlichen ästhetischen Rührung, als den unentbehrlichen romantischen Hintergrund für allerlei beliebige moderne Gefühle, oder man sieht darin nur Raubschlösser, welche nach angeordnetem Landfrieden zerstört worden sind und zerstört werden mußten;

unstreitig waren das viele, vielleicht die meisten von denen, deren Trümmer man jetzt noch sieht; aber man sollte nicht immer und überall nur die letzte Entartung mit der Sache selbst verwechseln, und so sich selber den Sinn für die herrlichsten Denkmale der Vergangenheit abstumpfen. Wenn wir nur die Geschichte aufrichtig befragen wollten, sie würde uns, glaube ich, belehren, daß es manche solcher Burgen gab, Jahrhunderte, ehe die große Fehde zwischen dem Landadel und den reichen Handelsstädten in eine Art von fortgehendem Bürgerkrieg ausgebrochen war, Jahrhunderte lang, ehe noch an eigentliches Faustrecht, Landfrieden, und was dem weiter anhängen mag, gedacht worden war; ja, daß die Neigung der Deutschen, auf Bergen zu wohnen, an Bergen vorzüglich sich anzusiedeln, so alt sei, daß man diese Neigung wohl nicht mit Unrecht zu dem ursprünglichen Charakter der Nation rechnen könnte. Eine erhabene und edle Neigung! Schon ein Blick von der Höhe, ein Atemzug auf freien Bergen, versetzt uns wie in eine andere leichtere Welt, ist uns ein erquickendes Labsal, wo wir das Einerlei der Fläche vergessen, und neuen Lebensmut einsaugen im Anblick des herrlichen Erdbodens vor uns. Aber wie ganz anders muß es erst sein, immer da zu wohnen und zu sein, wo wir jetzt einmal an seltenen Tagen mühsam hinaufsteigen, um doch auch einmal zu fühlen, wie einem zu Mute sein muß, der da lebt und in Freiheit atmet; immer die Erde vor sich zu sehen in ihrem reichen Schmuck, in allen Zeiten des Tages und des Jahrs, wo alles sich deutlicher und merkwürdiger zeigt, das Ziehen der Wolken, das Aufblühen des Frühlings, mondhelle Nacht, ja selbst Ungewitter, und die weißen Felder des Winters. Für mich sind nur die Gegenden schön, welche man gewöhnlich rauh und wild nennt; denn nur diese sind erhaben, nur erhabene Gegenden können schön sein, nur diese erregen den Gedanken der Natur. Der Anblick üppiger reicher Fluren erweckt auf eine angenehme Weise zum freudigen Genuß des Lebens, wenn man lang in Städten gefangen saß; diese blühenden Reize der Natur rühren um so kräftiger an unser Herz, je seltener sie genossen werden. Alles ist da nur Gefühl einer angenehmen lieblichen Gegenwart, nichts erinnert uns an die große Vergangenheit. Jene Felsen aber, die wie sprechende Denkmale von den alten Kriegen im Reiche der noch wilden Natur da stehen, von den furchtbaren Kämpfen der in ihrer Gestaltung gewaltsam ringenden Erde so deutlich reden, sind ewig schön, und machen immer den gleichen, nie ermattenden Eindruck. Wie das Rauschen des Waldes, das Brausen der Quelle uns ewig in dieselbe Schwermut versenkt, wie das einsame Geschrei wilder Vögel eine schmerzlich freudige Unruh und Begierde der Freiheit ausdrückt, so fühlen wir in dem Anblick der Felsen immer die Natur selbst; denn nur in den Denkmalen alter Naturzeiten, wenn Erinnerungen und Geschichte in großen Zügen vor unser Auge tritt, tun wir einen Blick in die Tiefe dieses erhabenen Begriffs, der nicht beim Genuß der angenehmen Oberfläche schon hervortreten mag. Nichts aber vermag den Eindruck so zu verschönern und zu verstärken, als die Spuren menschlicher Kühnheit an den Ruinen der Natur, kühne Burgen auf wilden Felsen – Denkmale der menschlichen Heldenzeit, sich anschließend an jene höheren aus den Heldenzeiten der Natur; die Quelle der Begeisterung scheint sich sichtbar vor unsern Augen zu ergießen, und der alte vaterländische Strom erscheint uns nun wie ein mächtiger Strom naturverkündender Dichtkunst –

> Wie kühn auch andre Quellen sprudeln, brausen,
>   Wo sonst die Dichter schöne Weihe tranken,
>   Den Kunstberg stets anklimmend ohne Wanken,
>   Bis wo die ewig heitern Götter hausen;
> Ich wähle dich, o Rhein, der du mit Sausen
>   Hinwogst durch enger Felsen hohe Schranken,

Wo Burgen hoch am Abhang auf sich ranken,
  Ans Herz den Wandrer greift ein ahndend Grausen.
Schnell fliegt in Eil auf grünlich hellen Wogen
  Das Schifflein munter hin des deutschen Rheines,
  Wohlauf gelebt! das Schifflein kehrt nicht wieder.
Mut, Freud' in vollen Bechern eingesogen
  Krystallen flüssig Gold des alten Weines,
  Singend aus freier Brust die Heldenlieder.

Längs dem Rhein herauf sieht man noch viele Rudera römischer Kastelle, Türme und Mauern, die zu manchen Betrach-
tungen Veranlassung geben. Hier war ehedem die ängstlich be-
wachte Grenze des Römischen Reichs; wie ähnlich sind sich oft
auch die entferntesten Zeiten, und was würde wohl aus dem
Menschengeschlecht geworden sein, in welchen bodenlosen
Abgrund von Erniedrigung würde nicht alles versunken sein,
wenn diese römischen Grenzen geblieben wären, und nicht endlich das edelste Volk der Erde sie durchbrochen, der Knecht-
schaft ein Ende gemacht, und statt derselben wieder eine Ver-
fassung eingeführt hätte, die auf Treue gegründet war und auf
Freiheit, auf alte Sitte, auf Ehre und Gerechtigkeit, mehr als
jede andere gepriesene Einrichtung älterer oder neuerer Zeiten.
Freilich konnte eine so willkürliche Grenze nicht Grenze bleiben. Doch muß man das Verfahren der Römer, um es erklärbar
zu finden, nicht nach unsern Ansichten und Verhältnissen beur-
teilen. Uns scheint es durchaus nicht tunlich, einen Fluß als natürliche Grenze behandeln zu wollen, der doch vielmehr ein
Medium des lebhaftesten gegenseitigen Verkehrs und der ver-
doppelten Vereinigung ist, da es keine andere natürliche Grenze
gibt, als eine unter den Menschen, die Sprache, und dann im
Lande hohe Gebirge, deren Stelle allenfalls noch große Waldun-
gen ersetzen können. Aber damals bei der Unerfahrenheit des
südlichen Stammes der Deutschen mit aller Schiffahrt, bei dem

Mangel an Belagerungswerkzeugen, konnte es doch eine hinlängliche Schutzwehr für die Römer sein.

Bei Rüdesheim, gegen Bingen über, wo die Enge der Felsen am furchtbarsten und geschlossensten ist, wo der alte deutsche Turm mitten im Strom eine so eigene Ansicht gewährt, ist eine der bedeutendsten römischen Ruinen zu sehen, hart am Ufer des Stromes.

Jene Reihe von Ruinen altdeutscher Burgen, welche den Rheinstrom hinauf und herab so herrlich umkränzen, gibt uns aber außer dem unmittelbaren Naturgefühl noch zu einer andern Betrachtung Gelegenheit; indem wir in dieser ursprünglich deutschen Gewohnheit und Neigung zum kühnsten Felsenbau allerdings das Eine Element der späterhin so kunstreich entwikkelten gotischen Baukunst bemerken. Burgen hatten und bauten die Deutschen, seit den ältesten Zeiten, schon in den germanischen Wäldern, wie Tacitus deren in Hermanns und Marbods Geschichte erwähnt; lange vor der Anlage der geschloßnen Städte, welche vielmehr nach dem Vorbilde der Burgen ummauert wurden, ja noch ehe jene größeren Vereine von Landhäusern und Bauersitzen, die wir Dörfer nennen, allgemein gebräuchlich waren. Diese Burgen waren die Fürsten- und Heldensitze, welche unter den einzeln zerstreuten Meierhöfen dastanden, zur Verteidigung gegen den Feind in mannichfacher Fehde, und zum festen Gewahrsam im stets gewaffneten Frieden. Eigentliche Gotteshäuser hatten die alten Germanier nicht, da sie in der Regel die Feuer auf den Bergen anzündeten, und die Opfer am einsamen See darbrachten, oder in der Einöde des Waldes, unter den heiligen Eichen. Auch die Gebeine der Helden deckte der aufgeschüttete Hügel der Hünengräber, oder sie wurden im tiefen Bette des abgeleiteten Stromes versenkt. Es ist also die ganze germanische Bauart, nicht wie bei andern Völkern von den Tempeln und Gräbern, sondern allein und ganz vorzüglich von den Burgen ausgegangen, welche schon das Bedürfnis der leichteren Verteidigung und der Vorteil einer freien Umsicht veranlassen konnte, mehrenteils auf Bergen anzutürmen; wie auch andre kriegerische Nationen die Kastelle oftmals wohl auf die Höhen hingesetzt haben. Nur so allgemein, wie bei allen deutschen und gotischen Völkern ist dieses bei den andern nicht jederzeit gewesen; wobei auch eine besondre Neigung sichtbar ist, grade die kühnsten Stellen vorzugsweise zu wählen, und Türme und Mauern auf eine oft unglaubliche Weise, wie hohe Adlernester, an die schroffsten Felsenspitzen fest zu hängen oder einzuklammern. Das deutsche Naturgefühl, die zum Bedürfnis gewordne Neigung, das Auge an dem Anblick dieser irdischen Naturherrlichkeit zu weiden, hat auch seinen Anteil daran gehabt; mit Rührung sehen wir noch die Trümmer von des großen Theodorichs Schloß zu Terracina, oben an der Zinne des Berges, die Aussicht über das Meer weithin beherrschend. So plump nun auch die Bauart der Burgen ursprünglich gewesen, so roh sie in den allermeisten Fällen geblieben sein mag, indem gewiß viele tausend Burgen erbaut und wieder zertrümmert wurden, ehe auch nur Eine die Kunst und prachtvolle Schönheit der hohen Kaiserburg des Barbarossa erreichte; so hat doch der in diesen altdeutschen Burgen und ihrer Bauart liegende und in ihr entwickelte eigentümliche Sinn, einen unverkennbar großen Einfluß auf die Ausbildung der gotischen Baukunst gehabt. Nicht in einzelnen Ähnlichkeiten besteht derselbe; denn wo sich diese an einigen Kirchen mit den Burgen findet, und in den Zinnen oder der sonstigen Struktur sichtbar hervortritt, da sind es mehrenteils nur Kirchen von einem roheren Baustyl, denen dieses eigentümlich ist. In der ganzen Tendenz und innern Idee dieser Bergschlösser aber lag eine Veranlassung, jene kühne, baukünstlerische Fantasie zu erregen und zu nähren, welche die gotische Baukunst in allen ihren Epochen ausgezeichnet hat und gleich bei der ersten Erscheinung und den frühesten Hervorbringungen derselben, von Theodorich an, als die auffallendste Eigenschaft und charakteristisches Merkmal derselben aufgefaßt und betrachtet wurde. Die mannichfaltigen Zwecke für Krieg und Frieden, welche in einer solchen Ritterburg vereinigt werden mußten; die verschiedene Lage und Umgebung und die besondern Lokalumstände, worauf dabei Rücksicht zu nehmen war, die oft schwierige und seltsame Gestaltung des Felsengrundes, auf welchem der Bau sich erheben sollte; führten unvermeidlich eine große Unregelmäßigkeit herbei, welche bald ein Wohlgefallen an dem Kühnen und Seltsamen erregte, eine absichtliche Wahl desselben veranlaßte, und jene wunderbare Fantasie in der Bauart begründete, welche das Eine Element der gotischen Baukunst geworden ist, so wie das andre in dem altchristlichen Kirchenstyl und seiner siderischen Bedeutung gefunden war; und diese beiden Elemente zusammengenommen, enthalten eben den vollständigen Aufschluß über das ganze Rätsel dieser sonderbaren Kunsterscheinung.

Das deutsche Naturgefühl, als die Wurzel und lebendige Quelle, aus welcher alles hervorgegangen ist, muß uns dabei aber immer gegenwärtig bleiben. In zwiefacher Weise wird der Reichtum der Erde, oder die Natur, in der Kunst, besonders auch in den alten deutschen Gemälden aufgefaßt; als Garten oder als Wildnis. Als Garten d. h. als buntgeschmückter Teppich des Frühlings, oder in einem tieferen Sinne, als das hochzeitliche Blumengewand der beseligten Braut; oder als Wildnis, d. h. um in demselben Gleichnisse der Wahrheit fortzufahren, im halb zerrißnen Schleier der ewigen Trauer und öden Witwenklage. Der Garten, in diesem symbolisch künstlerischen Sinne, ist schon ein erhöhter, schön gewordner und verklärter Zustand; in der Einöde ist es die wirkliche Natur selbst, deren Gefühl uns mit jener tiefen Trauer erfüllt, die zugleich etwas so wunderbar Anziehendes hat. Einsam steht der Sohn des Himmels in der Wildnis der Natur und irrt umher mit dem Gefühl, das Herz seines Vaters zu suchen, den er verloren hat, in nie gesättigtem oder ganz gelindertem Schmerz der Trennung. Dieses ist der zwiefache Sinn der Natur und der schönen Landschaft für die Kunst im Gemälde. Wie eine kriegerisch ummauerte Wagenburg und ein festes Waffenschloß stehen auch jene altdeutschen Felsengebäude, in der Einöde der wilden Natur, deren Gefühl genau mit jener wunderbaren Bauart zusammenhängt. In der höheren Baukunst aber ist es nicht mehr die wilde Natur in ihrem Klagegefängnis, welche nachgebildet oder dargestellt wird, sondern die verklärte und in der Verklärung frei und voll aufblühende Natur, als himmlische Gottes-Stadt und das geordnete, siderische Haus der verherrlichten Schöpfung; nach der herrschenden Grund-Idee der vollkommenen Kirche im altchristlichen Styl.

Francesco Petrarca

Die agrippinische Kolonie

Köln nahm mich auf, die agrippinische Kolonie, die am linken
Rheinufer gelegen ist, ein Ort, berühmt durch seine Lage und
seinen Strom, berühmt auch durch seine Bevölkerung. Erstaun-
lich, wie groß im Barbarenlande die Gesittung, wie schön der
Anblick der Stadt, wie gesetzt die Haltung der Männer, wie
schmuck das Gebaren der Frauen! Zufällig war gerade Johan-
nisabend, als ich dort anlangte, und die Sonne neigte sich schon
im Westen. Sogleich bringt mich das Zureden der Freunde –
denn auch hier hatte mir der Ruhm früher Freunde erworben
als das Verdienst – von der Herberge zum Fluß, ein herrliches
Schauspiel zu sehen. Und ich ward nicht enttäuscht. Das ganze
Flußufer war nämlich bedeckt von einer riesengroßen, glänzenden Schar von Frauen (…). In Liebe hätte entbrennen können,
wer nur ein nicht schon gebundenes Herz mitgebracht hätte.
Ich hatte mich an einem etwas erhöhten Fleck aufgestellt, von
dort auf das, was sich abspielte, zu schauen. Es war ein un-
glaublicher Zulauf ohne Gedränge. Manche waren mit duftenden Kräutern umwunden und hatten die Ärmel über die
Ellenbogen zurückgestreift. So wuschen sie in fröhlichem
Durcheinander die weißen Hände und Arme im reißenden
Strom und mit fremdländischen Murmellauten sagten sie dabei
zueinander Reizendes. Kaum irgendwo habe ich noch so klar
verstanden, was dem Cicero zu sagen beliebt und was ein altes
Sprichwort zu sagen pflegt, daß ziemlich alle Menschen, wenn

sie unbekannte Sprachen hören, gewissermaßen taub und stumm sind. Der einzige Trost war für mich: es fehlte mir nicht an gar liebenswürdigen Dolmetschern. Als ich also einen aus jener Zahl bewundernd und unkundig des Sachverhalts mit folgendem Virgilsprüchlein fragte: Was will der Zulauf zum Strome? Was erregt ihr Gemüt? empfing ich die Antwort: Es sei ein uralter Landesbrauch, und besonders das Weibervolk bilde sich fest ein, jedwedes für das ganze Jahr drohende Unheil werde reinigend weggespült durch die Waschung im Strome an diesem Tage, und im Verfolge werde nur Erfreuliches eintreffen; daher denn diese Läuterung alljährlich mit stets unerschöpflichem Eifer begangen werde und auch zu begehen sei. (...) An einigen der nächstfolgenden Tage wanderte ich von früh bis abends mit den gleichen Führern in der Stadt umher. Ich sah die vielen Tausend gleichzeitig verstümmelten Körper der Jungfrauen und die Erde, die ihren hochedlen Reliquien geweiht ist und die, wie man sagt, die unedlen Leichen ausgetrieben hat. Ich sah das Kapitol, das Abbild des unsrigen, nur daß statt des Senats, der bei uns über Krieg und Frieden Rat hält, dort schöne Jünglinge und Mädchen gemischt in ewiger Eintracht nächtliche Lobeshymnen singen. (...) Ich sah inmitten der Stadt die überherrliche, obschon unvollendete Domkirche, die man nicht ohne guten Grund die allerhöchste nennt. Anbetend betrachtete ich dort der Magierkönige Leichname, die von Morgen gen Abend in dreimaligem Sprunge herübergeschafft worden waren, der Könige, von denen wir lesen, daß sie einstens dem Himmelskönig, da er wimmernd in der Krippe lag, Geschenke und Verehrung darbrachten.

Heinrich Heine

Im Rhein, im schönen Strome

Im Rhein, im schönen Strome,
Da spiegelt sich in den Well'n,
Mit seinem großen Dome,
Das große, heilige Cöln.

Im Dom da steht ein Bildniß
Auf goldenem Leder gemalt;
In meines Lebens Wildniß
Hat's freundlich hineingestrahlt.

Es schweben Blumen und Englein
Um Unsre liebe Frau;
Die Augen, die Lippen, die Wänglein,
Die gleichen der Liebsten genau.

Johann Wolfgang von Goethe

Ein heiterer Zufall

Es ist ein artig heiterer Zufall, daß in dem Augenblick, da wir von dem tüchtigsten, großartigsten Werk, das vielleicht je mit folgerechtem Kunstverstand auf Erden gegründet worden, dem *Dom zu Cöln* gesprochen, wir sogleich des leichtesten, flüchtigsten, augenblicklichst vorüberrauschenden Erzeugnisses einer frohen Laune, des *Carnevals von Cöln* mit einigen Worten zu gedenken veranlaßt sind.

Warum man aber doch von beiden zugleich reden darf, ist, daß jedes, sich selbst gleich, sich in seinem Charakter organisch abschließt, ungeheuer und winzig, wenn man will; wie Elefant und Ameise, beide lebendige Wesen und in diesem Sinne neben einander zu betrachten, als Masse sich in die Luft erhebend, als Beweglichkeit an dem Fuße wimmelnd.

August Wilhelm Schlegel

Hirtenbrief an die Kölner

Das Carnaval kommt.
Wozu es euch frommt,
Ihr Tausendsasas?
Zum plattesten Spaß,
Zum Fressen und Saufen,
Nach Huren zu laufen. –
Ihr knickrigen Kerle!
Gebt Geld für den Dom:
Der ist ja Kölns Perle.
Sonst schreib ich nach Rom,
Ich müsse hier streuen
Die Perlen den Säuen.

Karl Gutzkow

Wally, die Zweiflerin

»O Wally, Sie sind liebenswürdig! Woran würden Sie denken, wenn Sie jemanden prüfen wollten, der zu lieben wäre?«

»An die außerordentlichen Fälle.«

Cäsar schwieg. Diese Antwort war zu ernst. Er betrachtete die fünf Ringe, die er über seinen Handschuhen trug, und fragte dann: »Sie reisen ins Bad?«

»In acht Tagen.«

»Sie werden den Rhein sehen?«

»Von Mainz bis Köln.«

»Von Mainz bis Düsseldorf. Sie dürfen einen Besuch bei den Malern und bei Immermann nicht unterlassen. Läge Düsseldorf in Thüringen, es würde ein zweites Weimar werden.«

»Sind die Ufer in der Tat so reizend?«

»Gefällig sind sie und da schön, wo Sie etwas von Rührung einfließen lassen in Ihre Betrachtung.«

»Das versteh' ich nicht.«

»Das Schöne, Wally, ist immer das Überraschende. Ich bin ursprünglich kalt gegen alles, was in Deutschland für schön ausgegeben wird. Am Lurleyfelsen, wo der Rhein sich wie ein See verengt, wo Flinten abgeschossen und Waldhörner geblasen werden, um die Echos, von denen die Handbücher sprechen, zu beweisen: da werden Sie durch diese Zurüstungen zur Wehmut übermannt werden. Ihr blondes, bescheidenes Deutschland, dem Sie nichts zutrauten, nicht einmal das Echo des Lurley, wird Sie rühren, und bei einer fließenden Träne werden Sie sich gestehen müssen, daß der Rhein in der Tat ein schöner Strom ist.«

»Sie wollen sagen, die Natur spräche nur zu uns, je nachdem unser Auge und Herz sie ansieht.«

»Ich stand in dem Kölner Dome. Sie kennen das zerrissene Prinzip unserer Zeit, nichts anzunehmen, was vielleicht richtig ist, aber von Leuten proklamiert wurde, die uns widerstehen. Der Enthusiasmus der einen erkältet immer die andern. Ich wollte den Kölner Dom ironisch betrachten und mußte weinen, da ich ihn sahe, über das Unvollendete der Idee, über die dünnen Hammerschläge der Ausbauer, welche durch die mächtigen Räume picken, über mich selbst, der sein Herz künstlich verhärtet und zu einer gemachten Empfindungslosigkeit herabgestimmt hatte.«

Annette von Droste-Hülshoff

Die Stadt und der Dom

Eine Karikatur des Heiligsten

>   Unsrer sind vier
>   Ich, Feder, Dinte und Papier
>   Wir werden uns nicht verraten
>   Um lumpichte hundert Dukaten.

»Der Dom! der Dom! der deutsche Dom!
Wer hilft den Kölner Dom uns baun?«
So fern und nah der Zeitenstrom
Erdonnert durch die deutschen Gaun.
Es ist ein Zug, es ist ein Schall,
Ein ungemeßner Wogenschwall.
Wer zählt der Hände Legion,
In denen Opferheller glänzt?
Die Liederklänge wer, die schon
Das Echo dieses Rufs ergänzt?

Und wieder schallt's vom Elbestrand:
»Die Stadt! die Stadt! der deutsche Port!«
Und wieder zieht von Land zu Land
Ein gabespendend Klingeln fort:
Die Schiffe ragen Mast an Mast,
Goldregen schüttet der Palast;
Wem nie ein eignes Dach beschert,
Der wölbt es über fremde Not;

Wem nie geraucht der eigne Herd,
Der teilt sein schweißbenetztes Brot.

Wenn eines ganzen Volkes Kraft
Für seines Gottes Heiligtum
Die Lanze hebt so Schaft an Schaft,
Wer glühte nicht dem schönsten Ruhm?
Und wem, wem rollte nicht wie Brand
Das Blut an seiner Adern Wand,
Wenn eines ganzen Volkes Schweiß
Gleich edlem Regen niederträuft,
Bis in der Aschensteppe heiß
Viel Tausenden die Garbe reift?

Man meint, ein Volk von Heil'gen sei
Herabgestiegen über Nacht,
In ihrem Eichensarg aufs neu
Die alte deutsche Treu erwacht.
O werte Einheit, bist du eins –
Wer stände dann des Heil'genscheins,
Des Kranzes würdiger als du,
Gesegnete, auf deutschem Grund!
Du trügst den goldnen Schlüssel zu
Des Himmels Hort in deinem Bund.

Wohlan ihr Kämpen denn, wohlan,
Du werte Kreuzesmassonei,
So gebt mir eure Zeichen dann
Und euer edles Feldgeschrei!
Da, horch! da stieß vom nächsten Schiff
Die Bootmannspfeife grellen Pfiff,
Da stiegen Flaggen ungezählt,
Kantate summte und Gedicht,

Der Demut Braun nur hat gefehlt,
Jehovas Namen hört ich nicht.

Wo deine Legion, o Herr,
Die kniend am Altare baut?
Wo, wo dein Samariter, der
In Wunden seine Träne taut?
Ach, was ich fragte und gelauscht,
Der deutsche Strom hat mir gerauscht,
Die deutsche Stadt, der deutsche Dom,
Ein Monument, ein Handelsstift,
Und drüber sah wie ein Phantom
Verlöschen ich Jehovas Schrift.

Und wer den Himmel angebellt,
Vor keiner Hölle je gebebt,
Der hat sich an den Kran gestellt,
Der seines Babels Zinne hebt.
Wer nie ein menschlich Band geehrt,
Mit keinem Leid sich je beschwert,
Der flutet aus des Busens Schrein
Unsäglicher Gefühle Strom;
Am Elbestrand, am grünen Rhein,
Da holt sein Herz sich das Diplom.

Weh euch, die ihr den zorn'gen Gott
Gehöhnt an seiner Schwelle Rand,
Meineid'gen gleich in frevlem Spott
Hobt am Altare eure Hand!
Er ist der Herr, und was er will,
Das schaffen Leu und Krokodil! –
So baut denn, baut den Tempel fort,
Mit ird'schem Sinn den heil'gen Hag,

Daß euer beßrer Enkel dort
Für eure Seele beten mag!

Kennt ihr den Dom, der unsichtbar
Mit tausend Säulen aufwärts strebt?
Er steigt, wo eine gläub'ge Schar
In Demut ihre Arme hebt.
Kennt ihr die unsichtbare Stadt,
Die tausend offne Häfen hat,
Wo euer wertes Silber klingt?
Es ist der Samariter Bund,
Wenn Rechte sich in Rechte schlingt
Und nichts davon der Linken kund.

Oh, er, der alles weiß, er kennt
Auch eurer Seele ödes Haus;
Baut Magazin und Monument,
Doch seinen Namen laßt daraus!
Er ist kein Sand, der glitzernd stäubt,
Kein Dampfrad, das die Schiffe treibt,
Ist keine falsche Flagge, die
Sich stahl der See verlorner Sohn,
Parol nicht, die zur Felonie
Ins Lager schmuggelt den Spion!

Baut, baut! – um euer Denkmal ziehn
Doch Seufzer, fromm und ungeschmückt;
Baut! – neben eurem Magazin
Wird doch der Darbende erquickt.
Ob eures Babels Zinnenhag
Zum Weltenvolk euch stempeln mag?
Schaut auf Palmyrens Steppenbrand,
Wo scheu die Antilope schwebt,

Die Stadt schaut an, wo, ein Gigant,
Das Kollosseum sich erhebt.

Den Wurm, der im geheimen schafft,
Den kalten, nackten Grabeswurm,
Ihn tötet nicht des Armes Kraft
Noch euer toller Liedersturm.
Ein frommes, keusches Volk ist stark,
Doch Sünde zehrt des Landes Mark;
Sie hat in deiner Glorie Bahn,
O Roma, langsam dich entleibt;
Noch steht die Säule des Trajan,
Und seine Kronen sind zerstäubt!

August Wilhelm Schlegel

An die Kölner

1841

Ihr Kölner wollt jetzt euren Dom vollenden:
Wie kommt euch nur so plötzlich diese Lust?
Es lag ja immerfort in euren Händen;
Ihr ließt ihn doch vierhundert Jahr im Wust.

Drei Königsschädel liegen drin begraben,
Die Kaiser Friedrich Rotbart hergesandt.
Da brachten fromme Pilger reiche Gaben.
Aus eurem Gut ward wenig aufgewandt.

Eur Bischof trug des Kanzlers hohe Würde,
Des Baus Beginn ward seiner Müh verdankt.
Habt ihr ihm wohl erleichtert diese Bürde?
Ihr habt mit eurem Hirten stets gezankt.

Auch andre Städte haben hehre Tempel,
Die jede selbst erbaut hat und gepflegt.
Meint ihr, daß euer Chor allein den Stempel
Der Heiligkeit an seiner Stirne trägt?

Wien, Straßburg, Reims, der Marmordom in Mailand,
Viel andre, die ich nicht zu nennen weiß;
Dann Canterbury in Britanniens Eiland,
Westminster, York, verdienen gleichen Preis.

Ihr habt wohl nie aus euren dumpfen Mauern
Auf Deutschland und Europa rings geblickt:
Wie könnte sonst der leere Stolz noch dauern
Auf solch ein Bruchstück, ärmlich ausgeflickt?

Nun laßt ihr durch die Zeitung ausposaunen:
Köln ist die heil'ge Stadt vor allen, wißt!
Deutschland! vernimm's in Demut und mit Staunen!
Wer nicht am Bau hilft, ist kein wahrer Christ! –

Geht hin zum Papst, und bittet: Heil'ger Vater,
Borgt uns doch Geld, zu bauen unsern Dom! –
Ich, wird er sagen, bin des Heils Berater;
Doch Geld zu holen gibt es keins in Rom.

Heinrich Heine

Zu Cöllen kam ich spät Abends an

Zu Cöllen kam ich spät Abends an,
Da hörte ich rauschen den Rheinfluß,
Da fächelte mich schon deutsche Luft,
Da fühlt' ich ihren Einfluß –

Auf meinen Appetit. Ich aß
Dort Eyerkuchen mit Schinken,
Und da er sehr gesalzen war,
Mußt' ich auch Rheinwein trinken.

Der Rheinwein glänzt noch immer wie Gold
Im grünen Römerglase,
Und trinkst du etwelche Schoppen zuviel,
So steigt er dir in die Nase.

In die Nase steigt ein Prickeln so süß,
Man kann sich vor Wonne nicht lassen!
Es trieb mich hinaus in die dämmernde Nacht,
In die widerhallenden Gassen.

Die steinernen Häuser schauten mich an,
Als wollten sie mir berichten
Legenden aus altverschollener Zeit,
Der heilgen Stadt Cöllen Geschichten.

Ja hier hat einst die Clerisey
Ihr frommes Wesen getrieben,
Hier haben die Dunkelmänner geherrscht,
Die Ulrich von Hutten beschrieben.

Der Cancan des Mittelalters ward hier
Getanzt von Nonnen und Mönchen;
Hier schrieb Hochstraaten, der Menzel von Cölln,
Die giftgen Denunziatiönchen.

Die Flamme des Scheiterhaufens hat hier
Bücher und Menschen verschlungen;
Die Glocken wurden geläutet dabey
Und Kyrie Eleison gesungen.

Dummheit und Boßheit buhlten hier
Gleich Hunden auf freyer Gasse;
Die Enkelbrut erkennt man noch heut
An ihrem Glaubenshasse. –

Doch siehe! dort im Mondenschein
Den kolossalen Gesellen!
Er ragt verteufelt schwarz empor,
Das ist der Dom von Cöllen.

Er sollte des Geistes Bastille seyn,
Und die listigen Römlinge dachten:
In diesem Riesenkerker wird
Die deutsche Vernunft verschmachten!

Da kam der Luther, und er hat
Sein großes »Halt!« gesprochen –
Seit jenem Tage blieb der Bau
Des Domes unterbrochen.

Er ward nicht vollendet – und das ist gut.
Denn eben die Nichtvollendung
Macht ihn zum Denkmal von Deutschlands Kraft
Und protestantischer Sendung.

Ihr armen Schelme vom Domverein,
Ihr wollt mit schwachen Händen
Fortsetzen das unterbrochene Werk
Und die alte Zwingburg vollenden!

O thörichter Wahn! Vergebens wird
Geschüttelt der Klingelbeutel,
Gebettelt bey Ketzern und Juden sogar;
Ist alles fruchtlos und eitel.

Vergebens wird der große Franz Lißt
Zum Besten des Doms musiziren,
Und ein talentvoller König wird
Vergebens deklamiren!

Er wird nicht vollendet, der köllner Dom,
Obgleich die Narren in Schwaben
Zu seinem Fortbau ein ganzes Schiff
Voll Steine gesendet haben.

Er wird nicht vollendet, trotz allem Geschrey
Der Raben und der Eulen,
Die, alterthümlich gesinnt, so gern
In hohen Kirchthürmen weilen.

Ja, kommen wird die Zeit sogar
Wo man, statt ihn zu vollenden,
Die inneren Räume zu einem Stall
Für Pferde wird verwenden.

»Und wird der Dom ein Pferdestall,
Was sollen wir dann beginnen
Mit den heil'gen drey Königen, die da ruhn
Im Tabernakel da drinnen?«

So höre ich fragen. Doch brauchen wir uns
In unserer Zeit zu geniren?
Die heil'gen drey Kön'ge aus Morgenland,
Sie können woanders logiren.

Folgt meinem Rath und steckt sie hinein
In jene drey Körbe von Eisen,
Die hoch zu Münster hängen am Thurm,
Der Sankt Lamberti geheißen.

Fehlt etwa einer vom Triumvirat,
So nehmt einen anderen Menschen,
Ersetzt den König des Morgenlands
Durch einen abendländschen.

Yvan Goll

Kölner Dom

Rheinkohle statt Gold
Die Fische und die nackten Nymphen
Sterben im romantischen Wasser aus
Über die Brücke fahren nur Trauerzüge
In Särgen wird das letzte Gold geschmuggelt
Der Osten exportiert seine Frühsonne
Aurora ist kein Frauenname mehr
Doch paßt er gut für eine Aktiengesellschaft

Wir kamen von Frankreich
Über den Bahnhof hinaus fuhr unser Zug in den Kölner Dom
Die Lokomotive hielt vor dem Allerheiligsten
Und kniete sanft
Zehn Tote kamen direkt ins Paradies
Petrus »English spoken« auf dem Ärmel, bekam ein gutes
Trinkgeld

Die glasgemalten Engel telephonierten
Und flogen hinüber zur Cox-Bank
Rosa Dollarschecks einzulösen
Gegen Mittag wurde ein neuer Zug gen Warschau gebildet.

»In den uralten Zeiten ...«

*Loreley, Bischof Hatto und
die Heinzelmännchen*

Heinrich Heine

Ich weiß nicht, was soll es bedeuten

Ich weiß nicht, was soll es bedeuten,
Daß ich so traurig bin;
Ein Mährchen aus alten Zeiten,
Das kommt mir nicht aus dem Sinn.

Die Luft ist kühl und es dunkelt,
Und ruhig fließt der Rhein;
Der Gipfel des Berges funkelt
Im Abendsonnenschein.

Die schönste Jungfrau sitzet
Dort oben wunderbar,
Ihr goldnes Geschmeide blitzet,
Sie kämmt ihr goldnes Haar.

Sie kämmt es mit goldnem Kamme
Und singt ein Lied dabei;
Das hat eine wundersame,
Gewaltige Melodey.

Den Schiffer im kleinen Schiffe
Ergreift es mit wildem Weh;
Er schaut nicht die Felsenriffe,
Er schaut nur hinauf in die Höh'.

Ich glaube, die Wellen verschlingen
Am Ende Schiffer und Kahn;
Und das hat mit ihrem Singen
Die Lore-Ley gethan.

Adelheid von Stolterfoth

Königin Lurley

Hoch auf ew'gem Gletschereise
Thront der alte König Rhein,
Sammelt dort auf gleiche Weise
Den Tribut des Himmels ein;
Sammelt von der Erde Quellen
Mächt'ge Ströme für sein Reich,
Und entsendet ihre Wellen
Immer voll und immer gleich.

Lurley seiner Töchter Eine
Wohnt im schönsten Felsental,
Aber Berge, Strom und Haine
Wurden Zeugen ihrer Qual.
Einen Ritter schön und blühend,
Liebte sie mit tiefer Glut,
Er, in andrer Liebe glühend,
Floh die Königin der Flut.

Wieder einmal aus den Tiefen
Taucht ihr sanftes Angesicht,
Und die langen Locken triefen,
Goldne Flut im Mondenlicht;
Halb enthüllet vom Gewande
Steigt empor das hehre Weib,

Wellen zittern bis zum Strande
Wie sich hebt der Schwanenleib.

Und sie horcht ob alles stille
An den Ufern, auf der Flut,
Ob die Nacht den Berg umhülle,
Ob das Tal in Frieden ruht.
Dann in traurig süßer Weise
Atmet ihre Brust Gesang,
Und ein Lied entwallet leise
Wie der Äolsharfe Klang.

Aber in des Lurley Klüften
Sind melod'sche Geister wach,
Und verschwebend in den Lüften,
Hallt es wider zwanzigfach.
Aus den Schachten schlüpft der Gnome,
Rollt wie Nebel von dem Berg,
Und der Elfe lauscht am Strome,
Und es lauscht der schwarze Zwerg.

Was sie singt sind tiefe Klagen,
Wie ihr einsam glühend Herz
Lang und still sie hat getragen,
Aber nun verhaucht in Schmerz.
Was sie klagt sind ew'ge Leiden,
Unverstanden, ungefühlt,
Wo die Wellenrosse weiden
Und ihr Huf im Goldsand wühlt.

Ihre Boten, schnelle Fische,
Ziehn vom Gotthard bis zum Meer,
Und in ew'ger Jugendfrische

Dienen Nixen um sie her.
Aber keine fühlt von allen
Was verschmäht, ihr Herz empfand,
Als sie einst aus ihren Hallen
Den Geliebten fortgesandt.

Längst schon ist er weggeschwunden,
Längst zerstäubte sein Gebein,
Doch ihr scheinen's wenig Stunden,
Seit sie ihn verlor, zu sein.
Ewig strahlen ihre Wangen
In der Schönheit holdem Licht,
Ein Jahrtausend ist vergangen,
Aber ihre Liebe nicht.

Drum in traurig süßer Weise
Atmet ihre Brust Gesang,
Er entwallet sanft und leise
Gleich der Äolsharfe Klang.
Jetzt verhallen ihre Lieder,
Schweigen hüllt die Täler ein,
Und sie tauchet langsam wieder
In den mondbeglänzten Rhein.

Wolfgang Müller von Königswinter

Lore Lei

Es singet und klinget dort über den Rhein
So sinnig und innig, gefühlig und fein,
Ernst tönt es wie zaubrischer Glockenklang,
Und neckisch wie flüsternder Nixensang;
Es weinet und lachet und jauchzet dabei:
Das sind die Lieder der Lore Lei!

Sie ist des Fischers goldlockiges Kind!
Sie singet bei Sonnenschein, Regen und Wind,
Im Fenster der Hütte da strählt sie ihr Haar,
Da schaut sie blauäugig und tief und klar,
Und fahren bewimpelte Schiffe vorbei,
Sie staunen und lauschen der Lore Lei.

Es rastet am Ruder des Fergen Hand,
Das Segel blähet sich näher dem Strand,
Es ist, als ströme dort stiller der Strom,
Als hielten die Wolken am Himmelsdom,
Als schwiege des Wandervogels Schrei,
Um selig zu horchen der Lore Lei.

Doch einstmals landet ein Ritter den Kahn,
Ihm haben die Lieder es angetan;
Die Rüstung ist schwarz und bleich sein Gesicht,

Den Blicken entsprühet unheimliches Licht,
Sein Wort ist so seltsam, sein Wesen so frei:
Er wirbt um die wonnige Lore Lei.

Er schleichet so leis, er schmeichelt so hold,
Es spielet sein Finger im Lockengold;
Er flüstert zum Herzen, umdüstert den Geist,
Umwindet und bindet die Seele ihr dreist,
Sein Auge übt mächtige Zauberei –
Nun ist es geschehen, o Lore Lei!

Bald wandeln sie selig durch Berg und durch Tal,
In Buchten und Schluchten im Sonnenstrahl
Und im Mondenschein am glänzenden Rhein,
Da flicht er ihr Kränze ins Haar hinein.
So kam ihr des Lebens seliger Mai:
Es gab ihm ihr Alles die Lore Lei.

Doch als sie einmal des Morgens erwacht
Auf hohem Gestein in des Sommers Pracht,
Da ist sie allein, der Ritter ist fort!
Sie suchet ihn hier, sie suchet ihn dort,
Doch nur das Echo antwortet dem Schrei. –
So bist du betrogen, o Lore Lei!

Laut jammert sie auf in entsetzlichem Schmerz,
Ihr Geist ist vernichtet, zerbrochen ihr Herz!
Zu beißendem Gift wird ihr süßer Gesang,
Und wie Tod ihr Blick, so stierend und bang!
Öd ist ihr die Welt und so einerlei!
Der Wahnsinn faßt furchtbar die Lore Lei.

Und fürder sitzet sie hoch auf dem Stein,
Wildschallende Lieder entsendend zum Rhein;
Mit bösen Augen schaut sie hinab,
Das tiefstille Tal wird ein dunkeles Grab.
Sie ist eine tödlich verderbende Fei:
Mit Blick und Gesang ist's die Lore Lei.

Und Klippen entsteigen der brausenden Flut,
Die Wirbel umströmen die Felsen mit Wut.
Und lauschet der Schiffer, ihm starret der Blick,
Sein Kiel ist zerbrochen, ihn trifft das Geschick.
Verlorene Liebe gibt höllische Weih!
So lebt nicht und stirbt nicht die Lore Lei!

Clemens Brentano

Lore Lay

Zu Bacharach am Rheine
Wohnt eine Zauberin,
Sie war so schön und feine
Und riß viel Herzen hin.

Und brachte viel zu schanden
Der Männer rings umher,
Aus ihren Liebesbanden
War keine Rettung mehr.

Der Bischoff ließ sie laden
Vor geistliche Gewalt –
Und mußte sie begnaden,
So schön war ihr' Gestalt.

Er sprach zu ihr gerühret:
»Du arme Lore Lay!
Wer hat dich denn verführet
Zu böser Zauberei?«

»Herr Bischoff laßt mich sterben,
Ich bin des Lebens müd,
Weil jeder muß verderben,
Der meine Augen sieht.

Die Augen sind zwei Flammen,
Mein Arm ein Zauberstab –
O legt mich in die Flammen!
O brechet mir den Stab!«

»Ich kann dich nicht verdammen,
Bis du mir erst bekennt,
Warum in diesen Flammen
Mein eigen Herz schon brennt.

Den Stab kann ich nicht brechen,
Du schöne Lore Lay!
Ich müßte dann zerbrechen
Mein eigen Herz entzwei.«

»Herr Bischoff mit mir Armen
Treibt nicht so bösen Spott,
Und bittet um Erbarmen,
Für mich den lieben Gott.

Ich darf nicht länger leben,
Ich liebe keinen mehr –
Den Tod sollt Ihr mir geben,
Drum kam ich zu Euch her. –

Mein Schatz hat mich betrogen,
Hat sich von mir gewandt,
Ist fort von hier gezogen,
Fort in ein fremdes Land.

Die Augen sanft und wilde,
Die Wangen roth und weiß,

Die Worte still und milde
Das ist mein Zauberkreis.

Ich selbst muß drinn verderben,
Das Herz thut mir so weh,
Vor Schmerzen möcht ich sterben,
Wenn ich mein Bildniß seh.

Drum laßt mein Recht mich finden,
Mich sterben, wie ein Christ,
Denn alles muß verschwinden,
Weil er nicht bey mir ist.«

Drei Ritter läßt er holen:
»Bringt sie ins Kloster hin,
Geh Lore! – Gott befohlen
Sey dein berückter Sinn.

Du sollst ein Nönnchen werden,
Ein Nönnchen schwarz und weiß,
Bereite dich auf Erden
Zu deines Todes Reis'.«

Zum Kloster sie nun ritten,
Die Ritter alle drei,
Und traurig in der Mitten
Die schöne Lore Lay.

»O Ritter laßt mich gehen,
Auf diesen Felsen groß,
Ich will noch einmal sehen
Nach meines Lieben Schloß.

Ich will noch einmal sehen
Wol in den tiefen Rhein,
Und dann ins Kloster gehen
Und Gottes Jungfrau seyn.«

Der Felsen ist so jähe,
So steil ist seine Wand,
Doch klimmt sie in die Höhe,
Bis daß sie oben stand.

Es binden die drei Ritter,
Die Rosse unten an,
Und klettern immer weiter,
Zum Felsen auch hinan.

Die Jungfrau sprach: »da gehet
Ein Schifflein auf dem Rhein,
Der in dem Schifflein stehet,
Der soll mein Liebster seyn.

Mein Herz wird mir so munter,
Er muß mein Liebster seyn!«
Da lehnt sie sich hinunter
Und stürzet in den Rhein.

Die Ritter mußten sterben,
Sie konnten nicht hinab,
Sie mußten all verderben,
Ohn Priester und ohn Grab.

Wer hat dies Lied gesungen?
Ein Schiffer auf dem Rhein,

Und immer hats geklungen
Von dem drei Ritterstein:

    Lore Lay
    Lore Lay
    Lore Lay

Als wären es meiner drei.

Rose Ausländer

Lorelei

Unter dem Rhein
singt die Lorelei

Fische
verschweigen das Lied

Ein hellhöriger Angler
fängt es heraus
schenkt es

uns allen

Peter Rühmkorf

Hochseil

Wir turnen in höchsten Höhen herum,
selbstredend und selbstreimend,
von einem Individuum
aus nichts als Worten träumend.

Was uns bewegt – warum? wozu? –
den Teppich zu verlassen?
Ein nie erforschtes Who-is-who
im Sturzflug zu erfassen.

Wer von so hoch zu Boden blickt,
der sieht nur Verarmtes, Verirrtes.
Ich sage: wer Lyrik schreibt, ist verrückt,
wer sie für wahr nimmt, wird es.

Ich spiel mit meinem Astralleib Klavier,
vierfüßig – vierzigzehig –
Ganz unten am Boden gelten wir
für nicht mehr ganz zurechnungsfähig.

Die Loreley entblößt ihr Haar
am umgekippten Rheine …
Ich schwebe graziös in Lebensgefahr
grad zwischen Freund Hein und Freund Heine.

Erich Kästner

Handstand auf der Loreley

Nach einer wahren Begebenheit 1932

Die Loreley, bekannt als Fee und Felsen,
ist jener Fleck am Rhein, nicht weit von Bingen,
wo früher Schiffer mit verdrehten Hälsen,
von blonden Haaren schwärmend, untergingen.

Wir wandeln uns. Die Schiffer inbegriffen.
Der Rhein ist reguliert und eingedämmt.
Die Zeit vergeht. Man stirbt nicht mehr beim Schiffen,
nur weil ein blondes Weib sich dauernd kämmt.

Nichtsdestotrotz geschieht auch heutzutage
noch manches, was der Steinzeit ähnlich sieht.
So alt ist keine deutsche Heldensage,
daß sie nicht doch noch Helden nach sich zieht.

Erst neulich machte auf der Loreley
hoch überm Rhein ein Turner einen Handstand!
Von allen Dampfern tönte Angstgeschrei,
als er kopfüber oben auf der Wand stand.

Er stand, als ob er auf dem Barren stünde,
mit hohlem Kreuz und lustbetonten Zügen.
Man fragte nicht: Was hatte er für Gründe?
Er war ein Held, das dürfte wohl genügen.

Er stand verkehrt im Abendsonnenscheine.
Da trübte Wehmut seinen Turnerblick.
Er dachte an die Loreley von Heine
und stürzte ab. Und brach sich das Genick.

Er starb als Held. Man muß ihn nicht beweinen.
Sein Handstand war vom Schicksal überstrahlt.
Ein Augenblick mit zwei gehobnen Beinen
ist nicht zu teuer mit dem Tod bezahlt.

P. S. Eins wäre allerdings noch nachzutragen;
Der Turner hinterließ uns Frau und Kind.
Hinwiederum, man soll sie nicht beklagen,
weil im Reich der Helden und der Sagen
die Überlebenden nicht wichtig sind.

Der Binger Mäuseturm

Zu Bingen ragt mitten aus dem Rhein ein hoher Turm, von dem nachstehende Sage umgeht: Im Jahre 974 ward große Teuerung in Deutschland, daß die Menschen aus Not Katzen und Hunde aßen und doch viele Leute Hungers starben. Da war ein Bischof zu Mainz, der hieß Hatto der Andere, ein Geizhals, dachte nur daran, seinen Schatz zu mehren, und sah zu, wie die armen Leute auf der Gasse niederfielen und bei Haufen zu den Brotbänken liefen und das Brot nahmen mit Gewalt. Aber kein Erbarmen kam in den Bischof, sondern er sprach: »Lasset alle Armen und Dürftigen sammeln in einer Scheune vor der Stadt, ich will sie speisen.« Und wie sie in die Scheune gegangen waren, schloß er die Türe zu, steckte mit Feuer an und verbrannte die Scheune samt den armen Leuten, jung und alt, Mann und Weib. Als nun die Menschen unter den Flammen wimmerten und jammerten, rief Bischof Hatto: »Hört, hört, wie die Mäuse pfeifen!« Allein Gott der Herr plagte ihn bald, daß die Mäuse Tag und Nacht über ihn liefen und an ihm fraßen, und vermochte sich mit aller seiner Gewalt nicht wider sie behalten und bewahren. Da wußte er endlich keinen andern Rat, als er ließ einen Turm bei Bingen mitten im Rhein bauen, der noch heutigestags zu sehen ist, und meinte sich darin zu fristen, aber die Mäuse schwammen durch den Strom heran, erklommen den Turm und fraßen den Bischof lebendig auf.

Bischof Hatto

Es tobt vor des Palastes Tor:
Das sind die Mainzer Armen!
»Herr Bischof, öffne mild dein Ohr!
Herr Bischof, hab Erbarmen!
Es frißt uns sonst die Hungersnot.
Oh, gib uns Korn, oh, gib uns Brot,
Oh, rette uns vom sichern Tod!
Erhör uns, Bischof Hatto!« –

Der Bischof horcht dem Rufe lang:
»Hei, was sie sich erfrechen!
Ich will dem Volk den kecken Drang,
Den frevlen Mut zerbrechen!
Ihr fordert Brot – ich gebe Stein!«
Sein gelbes Antlitz lächelt fein,
Es zuckt im Auge grimmer Schein –
Wie grinst der Bischof Hatto!

Und hurtig rufet er hinaus
Den aufgeregten Massen:
»Ich will euch vom Getreidehaus
Die Früchte reichen lassen;
Harrt auf der leeren Tenne dort!« –
Im Strome zieht die Menge fort,

Der Vogt verschließt alsbald den Ort.
Hohn lacht der Bischof Hatto.

Die Fackel nimmt er in die Hand
Und schleudert sie zur Scheuer,
Dach und Gebälk beleckt der Brand,
Wild gräßlich wogt das Feuer.
Und drin des armen Manns Gestöhn –
in furchtbar grausenhaft Getön! –
»Hört an, die Kornmaus singt so schön!«
So ruft der Bischof Hatto.

Doch wie in Schutt zerfällt der Bau,
Wirr wird ihm vor den Blicken;
Er sieht der Asche dunkles Grau
Ihm tausend Mäuse schicken;
Die folgen ihm, die fassen ihn,
Und will er dem Gesicht entfliehn,
Sieht er sie rascher nach ihm ziehn!
Es graust dem Bischof Hatto.

Er findet weder Rast noch Ruh
In Kirchen und Palästen,
Durch Stein und Eisen immerzu
Folgt ihm das Heer von Gästen.
Hier hilft Gebet nicht und Gewalt,
Sein Blick erschaut sie tausendfalt,
Ihr Pfeifen macht ihn heiß und kalt.
Laut jammert Bischof Hatto.

Und die Verzweiflung treibt ihn fort,
Barhaupt irrt er alleine;
Es ragt ein Turm bei Bingen dort,

Mitten im tiefen Rheine:
»Dort sucht mich nicht die Höllenbrut,
Die Tiere kreuzen nicht die Flut,
Dort ist es sicher, ist es gut!«
So spricht der Bischof Hatto.

Am Fels fährt ihn der Ferge an.
Hoch steht er auf dem Turme;
Doch folgt der Mäuse Heer der Bahn. –
Er stürzt hinab im Sturme;
Es schlingt der Rhein ihn wogend ein:
Der Tod schließt seines Wahnsinns Pein.
Oh, haltet eur Gewissen rein.
Und deckt an Bischof Hatto!

Der Mäuseturm

Am Mäuseturm, um Mitternacht,
Des Bischofs Hatto Geist erwacht:
Er flieht um die Zinnen im Höllenschein,
Und glühende Mäuslein hinter ihm drein!

Der Hungrigen hast du, Hatto, gelacht,
Die Scheuer Gottes zur Hölle gemacht.
Drum ward jedes Körnlein im Speicher dein
Verkehrt in ein nagendes Mäuselein!

Du flohst auf den Rhein in den Inselturm,
Doch hinter dir rauschte der Mäusesturm.
Du schlossest den Turm mit eherner Tür,
Sie nagten den Stein und drangen herfür.

Sie fraßen die Speise, die Lagerstatt,
Sie fraßen den Tisch dir und wurden nicht satt!
Sie fraßen dich selber zu aller Graus,
Und nagten den Namen dein überall aus. –

Fern rudern die Schiffer um Mitternacht,
Wenn schwirrend dein irrender Geist erwacht:
Er flieht um die Zinnen im Höllenschein,
Und glühende Mäuslein hinter ihm drein.

Ferdinand Freiligrath

Rolandseck

1.

Es war ein Tag um die Drei-Königs-Zeit;
Der Rhein trieb Eis, die Gegend war verschneit.
Ich sah zu Haus die Weihnachtskerzen schimmern.
Dann in die Domstadt führte mich mein Schritt;
Die Schellenkappe trug ich lachend mit,
Und kehrte heim anjetzt zu meinen Trümmern,

Die wild und trotzig, wie aus Fels gehaun,
Hoch vom Gebirge mir ins Fenster schaun
Aus ihren Tannen und aus ihren Eichen;
An deren Fuß den meinen ich gesetzt,
Und einen Herbst an ihm verlebt bis jetzt,
Wie ich zuvor verlebte keinen gleichen.

's war auf der Post; kalt pfiff es übern Rhein;
Ich hüllte mich in meinen Mantel ein;
Ich strich den Reif aus meinen Schnurrbarthaaren.
Mir gegenüber saß ein ernster Mann;
Er sprach: »Der Winter läßt sich grimmig an!
Für mich der erste jetzo seit fünf Jahren!«

Er kam aus Algier! – Auf dem Atlas stand
Und schaut' er um sich; – über blut'gen Sand
Schritt er einher, ein blutbedeckter Sieger!
Dann schifft' er über in das Land des Cid,
Schoß sich herum im Tore von Madrid –
Es war ein ernster, ein geprüfter Krieger!

Er sah zerbröckelnd auf den Pyrenän
Der Navarreser alte Burgen stehn;
Er band sein Roß an ihre morschen Bögen;
Was Kastilianer und was Maure schuf,
Er ließ es hören seinen Kriegesruf;
An Burgos' Prachttor lehnt' er seinen Degen.

Der Rhein? – Seit heut erst kannt er seinen Lauf! –
Losbrach mein Stolz – ich stieß ein Fenster auf:
's war Godesberg – ernst sah es in den Wagen.
Fort, Postillion! – Und nun das Fenster da!
Der fremde Krieger sagte staunend: Ha!
Den Fels des Drachen sah er steilrecht ragen.

Fort, Postillion! – Die Rollen sind getauscht!
Der Deutsche redet und der Spanier lauscht!
Dort Rolandseck schon! – Von des Rheines Wogen
Zur andern Seite wend ich schnell den Blick; –
Ich schau empor; – ich fahr entsetzt zurück: –
O Gott, o Gott, verschwunden ist der Bogen!

Wie Fieberschütteln hat es mich gepackt;
Der Bogen fort; die Streben stehen nackt
Und fröstelnd da im kalten Flockenschimmer.
Schaut hin, ihr andern! – Ist's ein Gaukelspiel? –
Nein! – Wo des Ritters stille Träne fiel,
Da fiel er nach: – die Trümmer fiel in Trümmer!

Ich wußte nicht, daß es der Sturm getan. –
Fort, Postillion! – Die Pfeiler sah ich an
Ein einzig Mal noch; – ach, ihr Stolz gebrochen!
Auf Nonnenwerth die Linden rauschten hohl;
Bis ich dem Fremden sagte: Lebewohl!
Hab ich kein Wort im Wagen mehr gesprochen.

2.

Wollt ihr erschauen, was ich selber sah?
Es liegt an euch! – Ich stehe bittend da,
Ich schreit am Rheine mahnend auf und nieder.
Ein Knappe Rolands, eil ich durch das Land;
Den offnen Helm in ausgestreckter Hand,
Ruf ich euch zu: Gebt ihm den Bogen wieder!

Tot ist sein Roß, das übers Meer ihn trug!
Wo jetzt das Schwert, das seine Feinde schlug,
Das er geführt mit beiden starken Händen?
Wo blieb sein Goldschild, der Turniere Schreck?
Wo Sporn und Harnisch? – Rings auf Rolandseck
Nichts zu versetzen mehr und zu verpfänden!

Des Ritters Gut, von dannen trug's der Wind!
Ich selbst bin arm, wie es Poeten sind!
Roland und ich, wir bauen keine Streben!
So wieg ich sinnend denn mein einsam Haupt!
Aus meiner Laute, die ich stumm geglaubt,
Erschallt ein Griff: *Ihr* sollt den Schutt erheben!

Rings auf den Märkten und den Bergeshöhn
Laßt ehrne Bilder funkelnd ihr erstehn;

Ein Denkmal prangt, wohin der Blick sich wendet!
Ihr schmückt den Altar und das Gotteshaus,
Ihr bauet Türme, führet Dome aus,
Die uns die Vorzeit nachließ unvollendet!

Hier ist kein Dom, kein Monument, kein Turm!
Nur eine Trümmer schützt mir vor dem Sturm!
Oh, schützt den Rest von Rolands grauer Halle!
Die letzten Steine rüttelt wild der Nord;
Im dürren Efeu rauscht es fort und fort:
Oh, schützt und wehrt, daß ich nicht ganz zerfalle!

Und flüsternd klagt es auf dem Nonnenwerth:
Weh', daß auch dich die grimme Zeit zerstört!
Oh, baut den Bogen, baut ihn mir aufs neue!
Daß ich die Stätte fürder schauen kann,
Wo er am Fenster stand, ein bleicher Mann,
Ein ernstes Bild der echten Mannestreue! –

Oh, laßt die Mahnung nicht vergebens sein!
Ich steh und heische: Jeder einen Stein!
Es gilt dem Ritter und es gilt der Nonne!
Es gilt der Liebe, und es gilt der Treu!
Greift euch ans Herz, die ihr mich hört! – Herbei,
Daß neu der Bogen funkle in der Sonne!

Gedenkt der Zeiten, die ihr oben wart!
Der still und einsam, jener bunt geschart,
Der an der Braut, der an des Freundes Arme;
Der auf den Rhein, der in die Ferne späh'nd,
Der tief und heiß in schöne Augen seh'nd,
Der düstern Blickes und »mit stummem Harme!«

Denkt an die Feuer, die bei dunkler Nacht
In der Ruine flackernd ihr gefacht!
Denkt an die Blumen, die ihr oben pflücktet!
Denkt an die Becher, die ihr dort geschwenkt!
Des Drucks der Hand – und auch der Träne denkt,
Die ihr dort oben ungestüm zerdrücktet!

Wem hat das Auge keine je genäßt?
Wer hat kein Lieb an seine Brust gepreßt?
Wer kennt kein Scheiden und wer kennt kein Meiden?
Beglückt, entsagend – wo und wer ihr seid,
Denkt an des Ritters und der Nonne Leid!
Baut auf die Trümmer, setzt ein Denkmal beiden!

Noch einmal ruf ich: Jeder einen Stein!
Ich will des Ritters Seckelmeister sein!
Oh, ehrt des Rheines wunderbarste Sage!
Bei Lieb' und Schwur, bei Poesie und Kuß,
Hört meine Mahnung: Euren Obolus!
Bringt euer Felsstück – Rolands Bogen rage!

Karl Simrock

Rolandseck

Eine junge Gräfin, ein edler Held,
  Sie schwuren sich Lieb und Treu;
Er kam aus der Schlacht, er zog zu Feld,
  Die Liebe war immer neu.

In Spanien stritt die fränkische Kraft,
  O Roncesval, blutiges Tal!
Da fiel die Blüte der Ritterschaft,
  Da fiel Held Roland zumal.

»Nun Ade dir Welt! dein süßer Gewinn
  Betrüglich ist er fürwahr,
Maria, himmlische Königin,
  Dir weih ich mein goldenes Haar.«

Das Kloster beschaut sich mitten im Rhein,
  Noch hallen die Glocken im Tal.
Da schallt ein Huf, wer mag es sein?
  Der Tote von Roncesval?

Nein Roland selbst, er leibt und lebt:
  Ja wärst du, wärest du tot!
Denn wisse, daß Sie das Kloster begräbt,
  Die dir zu leben gebot.

»Und begräbt das Kloster Schön Hiltigund,
    So setz ich mich hier auf den Stein
Und schaue zeitlebens zum Tode wund
    Hinab auf das Kloster im Rhein.«

Im Kloster betete Hiltigund,
    Held Roland saß auf dem Stein
Und schaute zeitlebens zum Tode wund
    Hinab auf das Kloster im Rhein.

George Gordon Noël Byron

Der Drachenfels

Der Drachenfels, gekrönt vom Schloß,
Starrt übern weit gewundnen Rhein,
Der stolz mit breitem Wasserschoß
Durch Rebenhügel bricht herein;
Und Höhn, all reich an Blütenbäumen,
Felder, verheißend Korn und Wein,
Und Städte, die sich rings umsäumen
Mit ihrer Mauern weißem Schein:
Welch Prachtbild! – doch genöss' ich hier
Doppelte Lust, wärst du bei mir!

Blauäugige Dirnen, jung und süß,
Mit Frühlingsblumen in der Hand,
Gehn lachend durch dies Paradies;
Und manchen Turm am Bergesrand
Sieht grau durch grünes Laub man schimmern,
Und manche schroffe Felsenwand,
Schwibbögen, stolz in ihren Trümmern,
Schaun weit hinaus ins Rebenland.
Nur eins dem Strande es gebricht:
Dein liebes Händchen drück' ich nicht.

Geschenkte Lilien send ich dir;
Und ist auch, eh du sie wirst sehn,

Wohl längst verdorret ihre Zier,
Du wirst sie darum nicht verschmähn.
Ich hegte sie, sie sind mir wert:
Ich weiß, mich wird dein Geist umwehn,
Wenn sich dein Blick zu ihnen kehrt
Und du sie welkend siehst vergehn
Und weißt: sie sind vom Strand des Rheins,
Und mein Herz sandte sie an deins.

Und stolz erbraust der Strom und fließt,
Der Schmuck von diesem Zaubergrund;
In tausend Windungen erschließt
Er Reize ewig neu und bunt.
Die stolz'ste Brust wohl möcht allstund
Hier wohnen nur in stummer Feier;
Kein Raum im ganzen Erdenrund
Wär mir und der Natur so teuer.
Doch säh dein liebes Aug in meins,
Wär süßer noch der Strand des Rheins.

Heinrich Heine

Elementargeister

—•——◆——•—

Auch kommt es oft vor, daß die Nixen, wenn sie sich mit Menschen in ein Liebesbündniß einlassen, nicht bloß Verschwiegenheit verlangen, sondern auch bitten, man möge sie nie befragen nach ihrer Herkunft, nach Heimath und Sippschaft. Auch sagen sie nicht ihren rechten Namen, sondern sie geben sich unter den Menschen so zu sagen einen *nom de guerre*. Der Gatte der klevschen Prinzessinn nannte sich Helias. War er ein Nix oder ein Elfe? Wie oft wenn ich den Rhein hinabfuhr, und dem Schwanenthurm von Kleve vorüberkam, dachte ich an den geheimnißvollen Ritter, der so wehmüthig streng sein Inkognito bewahrte, und den die bloße Frage nach seiner Herkunft aus den Armen der Liebe vertreiben konnte. Als die Prinzessinn ihre Neugier nicht bemeistern konnte, und einst in der Nacht zu ihrem Gemahle die Worte sprach: Herr, solltet Ihr nicht unserer Kinder wegen sagen, wer Ihr seyd? da stieg er seufzend aus dem Bette, setzte sich wieder auf sein Schwanenschiff, fuhr den Rhein hinab, und kam nimmermehr zurück. Aber es ist auch wirklich verdrießlich, wenn die Weiber zu viel fragen. Braucht Eure Lippen zum Küssen, nicht zum Fragen, Ihr Schönen. Schweigen ist die wesentlichste Bedingung des Glückes. Wenn der Mann die Gunstbezeugungen seines Glückes ausplaudert, oder wenn das Weib nach den Geheimnissen ihres Glückes neugierig forscht, dann gehen sie beide ihres Glückes verlustig.

August Kopisch

Die Heinzelmännchen

Wie war zu Köln es doch vordem
Mit Heinzelmännchen so bequem!
Denn war man faul, man legte sich
Hin auf die Bank und pflegte sich.
Da kamen bei Nacht,
eh' man's gedacht,
Die Männlein und schwärmten
und klappten und lärmten
Und rupften und zupften
Und hüpften und trabten
und putzten und schabten,
Und eh' ein Faulpelz noch erwacht,
War all sein Tagewerk bereits gemacht.
(...)

Nibelungenlied

1. Aventiure

(1) Uns ist in alten mæren wunders vil geseit
von helden lobebæren, von grôzer arebeit,
von fröuden, hôchgezîten, von weinen und von klagen,
von küener recken strîten muget ír nu wunder hœren sagen.

In alten Geschichten wird uns vieles Wunderbare berichtet:
von ruhmreichen Helden, von hartem Streit, von glücklichen
Tagen und Festen, von Schmerz und Klage, vom Kampf tap-
ferer Recken: Davon könnt auch Ihr jetzt Wunderbares berichten hören.

(2) Ez wuohs in Búrgónden ein vil édel magedîn,
daz in allen landen niht schœners mohte sîn,
Kríemhílt geheizen: si wart ein schœne wîp.
dar umbe muosen degene vil verlíesén den lîp.

Im Land der Burgunden wuchs ein edles Mädchen heran, das
war so schön, daß in keinem Land der Welt ein schöneres
hätte sein können. Ihr Name war Kriemhild. Später wurde sie
eine schöne Frau. Um ihretwillen mußten viele Helden ihr Leben verlieren.

(3) Der minneclîchen meide triuten wol gezam.
ir muoten küene recken, niemen was ir gram.
âne mâzen schœne sô was ir edel lîp:
der júncfróuwen tugende zierten ándériu wîp.

Das liebliche Mädchen verdiente es, geliebt zu werden. Tap-
fere Recken bemühten sich um ihre Gunst: niemand konnte
ihr feindlich gesinnt sein; denn die Edle war unbeschreiblich
schön. Die Gaben, die ihr Natur und Stand verliehen hatten,
wären auch für andere Frauen eine Zierde gewesen.

(4) Ir pflâgen drî·künege edel unde rîch:
Gunther unde Gêrnôt, die recken lobelîch,
und Gîselher der junge, ein ûz erwelter degen.
diu frouwe was ir swester. die fürsten hetens in ir pflegen.

Für sie sorgten drei edle, mächtige Könige, die beiden ruhmreichen Recken Gunther und Gernot und der junge Giselher,
ein hervorragender Held. Das Mädchen war ihre Schwester,
und die Fürsten hatten sie in ihrer Obhut.

(5) Die herren wâren milte, von arte hôch erborn,
mit kraft unmâzen küene, die recken ûz erkorn.
dâ zen Búrgónden sô was ir lant genant.
si frumten starkiu wunder sît in Étzélen lant.

Die Herren, die auserlesenen Recken, waren freigebig, von
hoher Abstammung, sehr kraftvoll und tapfer. Ihr Land hieß
Burgund. Im Lande Etzels vollbrachten sie später wunderbare Taten.

(6) Ze Wormez bî dem Rîne sie wonten mit ir kraft.
in diente von ir landen vil stolziu ritterschaft
mit lobelîchten êren unz an ir endes zît.
si stúrben sît jǽmmerlîche von zweier edelen frouwen nît.

In Worms am Rhein hielten sie machtvoll hof. Die herrliche
Ritterschaft des Landes diente ihnen bis zu ihrem Tod und er-
warb sich und ihnen Ruhm und Ehre. Sie starben später elen-
diglich, weil zwei edle Frauen einander feind waren.

Richard Wagner

Das Rheingold

———•◆•———

Vorspiel und Erste Szene

In der Tiefe des Rheines
Grünliche Dämmerung, nach oben zu lichter, nach unten zu
dunkler. Die Höhe ist von wogendem Gewässer erfüllt, das
rastlos von rechts nach links zuströmt. (...) Überall ragen
schroffe Felsenriffe aus der Tiefe auf und grenzen den Raum
der Bühne ab (...). Um ein Riff in der Mitte der Bühne,
welches mit seiner schlanken Spitze bis in die dichtere, heller
dämmernde Wasserflut hinaufragt, kreist in anmutig
schwimmender Bewegung eine der Rheintöchter.
Volles Wogen der Wassertiefe.

WOGLINDE *kreist um das mittlere Riff.*
Weia! Waga!
Woge, du Welle,
walle zur Wiege!
wagala weia!
wallala weiala weia!
WELLGUNDES STIMME *von oben.*
Woglinde, wachst du allein?
WOGLINDE.
Mit Wellgunde wär ich zu zwei.
WELLGUNDE *sie taucht aus der Flut zum Riff herab.*
Laß sehn, wie du wachst!

Sie sucht Woglinde zu erhaschen.

WOGLINDE *entweicht ihr schwimmend.*
Sicher vor dir!

Sie necken sich und suchen sich spielend zu fangen.

FLOSSHILDES STIMME VON OBEN.
Heiala weia!
Wildes Geschwister!
WELLGUNDE.
Floßhilde, schwimm!
Woglinde flieht:
hilf mir die Fließende fangen!
FLOSSHILDE *taucht herab und fährt zwischen die Spielenden.*
Des Goldes Schlaf
hütet ihr schlecht! Besser bewacht
des Schlummernden Bett,
sonst büßt ihr beide das Spiel!

Mit muntrem Gekreisch fahren die beiden auseinander: (...)
So schnellen sie gleich Fischen von Riff zu Riff, scherzend
und lachend. – Aus einer finstren Schlucht ist währenddem
Alberich, an einem Riffe klimmend, dem Abgrund entstiegen.
Er hält, noch vom Dunkel umgeben, an und schaut dem
Spiele der Rheintöchter mit steigendem Wohlgefallen zu.

ALBERICH.
Hehe! ihr Nicker!
wie seid ihr niedlich,
neidliches Volk!
Aus Nibelheims Nacht
naht ich mich gern,
neigtet ihr euch zu mir.

Die Mädchen halten, sobald sie Alberichs Stimme hören,
mit dem Spiele ein. (…) Sie tauchen tiefer herab
und erkennen den Nibelung.

WOGLINDE UND WELLGUNDE.
Pfui! der Garstige!
FLOSSHILDE *schnell auftauchend.*
Hütet das Gold!
Vater warnte
vor solchem Feind.

Die beiden andern folgen ihr, und alle drei versammeln
sich schnell um das mittlere Riff.

ALBERICH.
Ihr, da oben!
DIE DREI.
Was willst du dort unten?
ALBERICH.
Stör ich eu'r Spiel,
wenn staunend ich still hier steh? (…)
Wie scheint im Schimmer
ihr hell und schön
Wie gern umschlänge
der Schlanken eine mein Arm,
schlüpfte hold sie herab!
FLOSSHILDE.
Nun lach ich der Furcht:
der Feind ist verliebt!

Sie lachen.

WELLGUNDE.
Der lüsterne Kauz!
WOGLINDE.
Laßt ihn uns kennen!

Sie läßt sich auf die Spitze des Riffes hinab, an dessen
Fuße Alberich angelangt ist. (…) Alberich klettert mit
koboldartiger Behendigkeit, doch wiederholt aufgehalten,
der Spitze des Riffes zu.

ALBERICH *hastig.*
Garstig glatter
glitschriger Glimmer!
Wie gleit ich aus!
Mit Händen und Füßen
nicht fasse noch halt ich
das schlecke Geschlüpfer!
Feuchtes Naß
füllt mir die Nase –
verfluchtes Niesen!

Er ist in Woglindes Nähe angelangt.

WOGLINDE *lachend.*
Prustend naht
meines Freiers Pracht!
ALBERICH.
Mein Friedel sei,
du fräuliches Kind!

Er sucht sie zu umfassen.

WOGLINDE *sich ihm entwindend.*
Willst du mich frei'n,
so freie mich hier!

   Sie taucht zu einem andern Riff auf.

ALBERICH *kratzt sich den Kopf.*
Oh weh! du entweichst?
Komm doch wieder!
Schwer ward mir,
was so leicht du erschwingst. (…)
WELLGUNDE.
Ich rate dir wohl:
zu mir wende dich,
Woglinde meide!
ALBERICH *indem er hastig über den Bodengrund zu Wellgunde hin klettert.*
Viel schöner bist du
als jene Scheue,
die minder gleißend
und gar zu glatt. – (…)
Die schlanken Arme
schlinge um mich,
daß ich den Nacken
dir neckend betaste,
mit schmeichelnder Brunst
an die schwellende Brust mich dir schmiege!
WELLGUNDE.
Bist du verliebt
und lüstern nach Minne,
laß sehn, du Schöner,
wie bist du zu schaun? –
Pfui! du haariger,

höck'riger Geck!
Schwarzes, schwieliges
Schwefelgezwerg!
Such dir ein Friedel,
dem du gefällst! (…)
ALBERICH *Wellgunden erbost nachzankend.*
Falsches Kind!
Kalter, grätiger Fisch! (…)
FLOSSHILDE *taucht zu Alberich herab.*
Wie törig seid ihr,
dumme Schwestern,
dünkt euch dieser nicht schön?
ALBERICH *hastig ihr nahend.*
Für dumm und häßlich
darf ich sie halten,
seit ich dich Holdeste seh! (…)
FLOSSHILDE *ihn sanft abwehrend.*
Wie deine Anmut
mein Aug erfreut,
deines Lächelns Milde
den Mut mir labt!

> *Sie zieht ihn zärtlich an sich.*

(…)
WOGLINDE UND WELLGUNDE *sind nahe herab getaucht,*
lachend.
Hahahahahaha!
ALBERICH *erschreckt auffahrend.*
Lacht ihr Bösen mich aus?
FLOSSHILDE *sich plötzlich ihm entreißend.*
Wie billig am Ende vom Lied!

> *Sie taucht mit den Schwestern schnell auf.*

(…)

DIE DREI RHEINTÖCHTER.
Wallala! Wallala! Lalaleia, leialalei!
Heia! Heia! haha!
Schäme dich, Albe!
Schilt nicht dort unten!
Höre, was wir dich heißen!
Warum, du Banger,
bandest du nicht
das Mädchen, das du minnst?
Treu sind wir,
und ohne Trug
dem Freier, der uns fängt. –
Greife nur zu,
und grause dich nicht:
in der Flut entfliehn wir nicht leicht.
Wallala! Lalaleia! Leialalei!
Heia! Heia! Hahei!

*Sie schwimmen auseinander, hierher und dorthin, bald tiefer,
bald höher, um Alberich zur Jagd auf sie zu reizen.*

ALBERICH.
Wie in den Gliedern
brünstige Glut
mir brennt und glüht!
Wut und Minne,
wild und mächtig,
wühlt mir den Mut auf. –
Wie ihr auch lacht und lügt,
lüstern lechz ich nach euch,
und eine muß mir erliegen!

Er macht sich mit verzweifelter Anstrengung zur Jagd auf:
mit grauenhafter Behändigkeit erklimmt er Riff für Riff,
springt von einem zum andern, sucht bald dieses, bald
jenes der Mädchen zu erhaschen, die mit lustigem Gekreisch
stets ihm ausweichen. – Er strauchelt, stürzt in den
Abgrund und (…) hält, endlich, vor Wut schäumend,
atemlos an und streckt die geballte Faust nach
den Mädchen hinauf.

(…)

DIE DREI RHEINTÖCHTER *zusammen das Riff anmutig*
umschwimmend.
Heiajaheia!
Heiajaheia!
Wallalallalala leiajahei!
Rheingold!
Rheingold!
Leuchtende Lust,
wie lachst du so hell und hehr!
Glühender Glanz
entgleißet dir weihlich im Wag!
Heiajahei!
Heiajaheia!
Wache Freund,
wache froh!
Wonnige Spiele
spenden wir dir:
flimmert der Fluß,
flammet die Flut,
umfließen wir tauchend,
tanzend und singend,
im seligen Bade dein Bett!
Rheingold!

Rheingold!
Heiaja heia!
Heiaja heia!
Wallalalalala leiajahei!

Mit immer ausgelassenerer Lust umschwimmen
die Mädchen das Riff. Die ganze Flut flimmert
in hellem Goldglanze.

(...)
WOGLINDE.
Des Goldes Schmuck
schmähte er nicht,
wüßte er all seine Wunder!
WELLGUNDE.
Der Welt Erbe
gewänne zu eigen,
wer aus dem Rheingold
schüfe den Ring,
der maßlose Macht ihm verlieh!
FLOSSHILDE.
Der Vater sagt es,
und uns befahl er
klug zu hüten
den klaren Hort,
daß kein Falscher der Flut ihn entführe:
drum schweigt, ihr schwatzendes Heer!
WELLGUNDE.
Du klügste Schwester,
verklagst du uns wohl?
Weißt du denn nicht,
wem nur allein
das Gold zu schmieden vergönnt?

WOGLINDE.
Nur wer der Minne
Macht versagt,
nur wer der Liebe
Lust verjagt,
nur der erzielt sich den Zauber,
zum Reif zu zwingen das Gold.
WELLGUNDE.
Wohl sicher sind wir
und sorgenfrei,
denn was nur lebt will lieben,
meiden will keiner die Minne.
WOGLINDE.
Am wenigsten er,
der lüsterne Alp;
vor Liebesgier
möcht er vergehn.
FLOSSHILDE.
Nicht furcht ich den,
wie ich ihn erfand:
seiner Minne Brunst
brannte fast mich.
WELLGUNDE.
Ein Schwefelbrand
in der Wogen Schwall,
vor Zorn der Liebe
zischt er laut!
(…)

Sie schwimmen lachend im Glänze auf und ab

ALBERICH *die Augen starr auf das Gold gerichtet, hat dem Geplauder der Schwestern wohl gelauscht.*

Der Welt Erbe
gewänn ich zu eigen durch dich?
Erzwäng ich nicht Liebe,
doch listig erzwäng ich mir Lust?

Furchtbar laut.

Spottet nur zu!
Der Niblung naht eurem Spiel!

Wütend springt er nach dem mittleren Riff hinüber
und klettert nach dessen Spitze hinauf. –
Die Mädchen fahren kreischend auseinander und
tauchen nach verschiedenen Seiten hin auf.

DIE DREI RHEINTOCHTER.
Heia! Heia! Heiajahei!
Rettet euch!
Es raset der Alp;
in den Wassern sprüht's,
wohin er springt –
die Minne macht ihn verrückt!

Lachend.

ALBERICH *gelangt mit einem letzten Satze zur Spitze.*
(...)
Das Licht lösch ich euch aus,
entreiße dem Riff das Gold,
schmiede den rächenden Ring; –
denn hör es die Flut:
so verfluch ich die Liebe!

Er reißt mit furchtbarer Gewalt das Gold aus dem Riffe
und stürzt dann hastig in die Tiefe, wo er schnell
verschwindet. Dichte Nacht bricht plötzlich überall herein.
Die Mädchen tauchen jach dem Räuber in die Tiefe nach.

FLOSSHILDE.
Haltet den Räuber!
WELLGUNDE.
Rettet das Gold!
WOGLINDE UND WELLGUNDE.
Hilfe! Hilfe!
DIE DREI RHEINTÖCHTER.
Weh! Weh!

Die Flut fällt mit ihnen nach der Tiefe hinab. Aus dem
untersten Grunde hört man Alberichs gellendes Hohngelächter.
In dichtester Finsternis verschwinden die Riffe, die
ganze Bühne ist von der Höhe bis zur Tiefe von
schwarzem Gewoge erfüllt (…)

Helga Kratzer

Rheinsage

In den uralten Zeiten, als noch Riesen und Zwerge auf Bergen und in Höhlen hausten, als Wassermänner und Nixen in Seen und Flüssen ihre Reiche hatten, gab es in den Schweizer Bergen Riesen, die so groß waren, dass ihr Scheitel fast bis zur Sonne reichte. Sie wären verbrannt, wenn nicht ihre Mutter, das Meer, ihnen Wind und Wolken geschickt hätte, damit Regen und Schnee und ewiges Eis sie am Leben erhalte.

Einmal saßen die Riesen zwischen den Bergen Rheinwaldhorn, Tödi und Gotthard beisammen und dachten an ihre Mutter, die ferne Nordsee. Sie wollten ihr einen Gruß schicken, wussten aber nicht wie. »Den Gruß soll ihr der Wassermann überbringen«, schlug der klügste der Riesen vor. Sie riefen ihn und ihr Ruf war so laut, dass es unten im Tal, wo der Vorderrhein rauschte, wie Donner grollte. Der Wassermann hörte es und streckte sogleich den Kopf aus den Fluten. »Was wollt ihr von mir?«, fragte er.

»Bahn dir einen Weg zu unserer Mutter, der Nordsee, und sag ihr einen Gruß von uns!«

»Das will ich gerne tun«, sagte jener Wassermann und schwamm davon.

Den Ruf hatte auch der Wassermann gehört, der im Hinterrhein hauste. Er streckte ebenfalls seinen Kopf aus dem Wasser. »Was wollt ihr von mir?«, fragte er.

»Du sollst unsere Mutter, die Nordsee, von uns grüßen!«

»Das will ich gerne tun!«, sagte der Wassermann und schwamm davon.

Da lachten die Riesen, dass die Erde bebte, denn die zwei Wassermänner wussten nichts voneinander. »Das gibt eine Überraschung, wenn die beiden zusammenstoßen«, sagten sie.

Die beiden Wassermänner trieben ihre Flüsse an und Vorderrhein und Hinterrhein bahnten sich mit ungeheurer Kraft ihren Weg durch wilde Schluchten und unheimliche Wälder, brausten an schroffen Felsen und Klippen vorbei, bis sie aufeinander stießen. Tosend prallten sie zusammen und ein neuer starker Fluss entstand, der nach Norden strömte. So begegneten sich auch die Wassermänner und begannen sofort zu streiten, wer mächtiger sei und ob dieser neu entstandene Fluss nun Vorder- oder Hinterrhein heißen sollte. Da aber keiner der beiden nachgeben wollte, gaben sie ihm einen neuen Namen und nannten ihn Alpenrhein. Mit ihm schwammen sie bis in den Bodensee und auch wieder hinaus und gelangten mit dem Fluss, den sie auf ihrer Wanderschaft Hochrhein, Oberrhein und Mittelrhein nannten, weit hinauf nach Norden ins flache Land. Dort nannten sie ihn Niederrhein. Unter dem weiten Himmel der Ebene teilte sich der Strom, der auf seinem langen Lauf durch Berge und Täler immer mächtiger und breiter geworden war, in zwei Arme. Jetzt war die Zeit gekommen, da jeder der Wassermänner seinen eigenen Weg gehen musste. Der eine schwamm mit dem Rheinarm Waal und der andere mit dem Rheinarm Lek in die Nordsee. Und beide erfüllten ihren Auftrag und überbrachten den Gruß der Riesen, die in der schneebedeckten Welt der Berge an das ferne Meer im Norden dachten.

Helga Kratzer

Wie Liechtenstein zu seinem Namen kam

Vor vielen Jahren lebte am Ufer des Rheins ein fleißiger und gottesfürchtiger Bauer. Eines Tages, als er sein Feld pflügte, stieß die Pflugschar auf etwas Hartes und das Ross blieb stehen. Der Bauer bückte sich um nachzusehen, was da in der Furche verborgen sei, und entdeckte unter der Erde etwas Glattes und Glänzendes. Er holte einen Spaten und begann zu graben und grub einen wunderschönen wasserhellen Stein aus, der im hellen Sonnenlicht funkelte und strahlte. Er wickelte seinen Fund sorgsam in ein Tuch und ging damit ins Schloss zum Grafen.

Als der Graf den Stein sah, staunte er. »Was du da gefunden hast, strahlt heller als alle Edelsteine, die ich in der Schatzkammer des Kaisers gesehen habe«, meinte er.

»Dann will ich diesen Stein dem Kaiser bringen«, sagte der Bauer.

Schon am nächsten Tag machte er sich auf den Weg in die ferne Residenzstadt. Als er dort ankam, wollten ihn die Türhüter nicht vorlassen. »Der Kaiser gibt heute keine Audienz«, sagten sie. »Außerdem bist du gar nicht angemeldet!«

Nun erzählte der Bauer, dass er von weit her komme und ein kostbares Geschenk überbringen wolle. Da ließen sie ihn ein und führten ihn zum Kaiser.

Ehrerbietig näherte sich der Bauer dem Thron, beugte vor dem Herrscher das Knie und legte ihm den Stein zu Füßen.

»Majestät, diesen Stein will ich Euch zum Geschenk machen. Nehmt es gnädig an.«

Der Kaiser nahm den Stein, betrachtete ihn lange und von allen Seiten und sagte dann: »Weißt du denn nicht, wie kostbar dieser Stein ist? Er macht dich zum reichen Mann, reicher als alle meine Untertanen!«

»Ich weiß es sehr wohl, Majestät«, antwortete der Bauer. »Aber mein Herz hängt nicht an irdischen Gütern. Mein Reichtum ist die Liebe zu Gott und die Treue zu meinem Land und meinem Herrscher.«

Diese Worte rührten den Kaiser. Er legte dem Bauern die Hand auf die Schulter und sprach: »Wahrlich, du hast das Herz und die Gesinnung eines Edelmannes. Daher sollst du auch ein Edelmann sein. Dein Name und der Name deines Geschlechtes sollen von nun an ebenso lauten wie dein kostbares Geschenk – Liechtenstein.«

So wurde der Bauer zum Ahnherrn des Hauses Liechtenstein, das bis heute über das Fürstentum am Rhein herrscht.

Helga Kratzer

Aachener Printen

—◦—

Man sagt, wer in Aachen gewesen ist und keine Printen mitgebracht hat, war gar nicht in Aachen oder er hat keine Lieben zu Hause. Die Printen sind ganz besonders fein gewürzte Lebkuchen, eine Spezialität, die man nicht nur in Aachen gerne isst, sondern überall in der Welt. Dabei wäre die Kunst, sie fachgerecht herzustellen, beinahe verloren gegangen, hätte nicht ein beherzter Bäckerjunge das Rezept wiederbeschafft.

Es war im Jahre 1656, als in Aachen ein Feuer ausbrach, das noch heute als der große Stadtbrand bekannt ist. Dabei war auch der Bäckermeister, der genau wusste, wie man den Teig der Aachener Printen würzt und wie man sie bäckt, in den Flammen umgekommen. Das Rezept war zwar in einem alten Kochbuch aufgezeichnet gewesen, aber auch das war verbrannt.

Die Bäcker versuchten nun, die Printen zu backen, wie sie es eben verstanden, aber so recht schmeckten sie den Leuten nicht. Da erinnerte sich ein Lehrling, dass ihm seine Großmutter einmal erzählt hatte, Kaiser Karl hätte die Printen so gerne gegessen, dass man ihm nach seinem Tod das Rezept dazu in die Gruft mitgegeben hatte. Nun wollte der Bäckerjunge das Rezept holen. Er wusste jedoch nicht, wo genau der Sarg des Kaisers lag. Der Teufel aber wusste es und wie so oft, wenn ein Mensch in Verlegenheit ist, trat er auf den Plan. »Ich zeige dir, wo der große Kaiser schläft«, sagte er zu dem Jungen,

»wenn du mir dafür verrätst, wo der Schlüssel zur Stadtkasse liegt.«

Nun hatte der Bäckerjunge keine Ahnung, wo die Ratsherren den Schlüssel aufbewahrten, dachte sich aber, bis dahin würde ihm schon etwas einfallen, und ging auf den Handel ein.

In der nächsten Nacht führte der Teufel den Jungen in die Gruft des Kaisers. Schlag zwölf wurde sie von einem überirdischen Licht erhellt und der Deckel des Sarges öffnete sich. Kaiser Karl schlug die Augen auf. »Warum störst du meine Totenruhe?«, fragte er streng.

Nun schilderte der Junge den schrecklichen Brand, der die Stadt heimgesucht hatte, und bat den Kaiser um das Rezept für die Printen.

»Aachen war meine Lieblingsstadt«, sagte der Kaiser und seufzte. »Ich will seinen Bürgern helfen.« Er reichte dem Jungen eine vergilbte Pergamentrolle, schloss die Augen und schlief weiter.

Nun lief der Lehrling mit dem Rezept in die Backstube und buk die köstlichsten Printen. Er wurde Geselle und Meister und war bald sehr reich.

Als der Bäcker schon nicht mehr an ihn dachte, erschien eines Morgens der Teufel in der Backstube und verlangte seinen Lohn. »Wo ist der Schlüssel zur Stadtkasse?«, fragte er.

Der Bäcker, der gerade ein Backblech mit frisch gebackenen Printen aus dem Ofen geholt hatte, wollte Zeit zum Überlegen gewinnen und bot dem Teufel an, erst einmal von den verlockend duftenden Lebkuchen zu kosten. Gierig stürzte sich der Teufel auf die frisch gebackenen Printen und schlang sie hinunter. Als der Bäcker ein zweites und ein drittes Blech aus dem Ofen holte, verschlang der Teufel alles, was darauf lag. Da bekam er so heftiges Bauchweh, daß er sich fluchend auf dem Boden krümmte. »Dieses Teufelszeug bringt selbst den Teufel um!«, brüllte er und fuhr schleunigst zur Hölle.

»Fülle doch mit
rhein'schem Gold den Becher«

Der Wein

Matthias Claudius

Rheinweinlied

—•—◆—•—

Bekränzt mit Laub den lieben vollen Becher,
　　Und trinkt ihn fröhlich leer.
In ganz Europia, Ihr Herren Zecher!
　　Ist solch ein Wein nicht mehr.

Er kommt nicht her aus Hungarn noch aus Polen,
　　Noch wo man franzmännsch spricht;
Da mag Sankt Veit, der Ritter, Wein sich holen,
　　Wir holen ihn da nicht.

Ihn bringt das Vaterland aus seiner Fülle;
　　Wie wär er sonst so gut!
Wie wär er sonst so edel, wäre stille
　　Und doch voll Kraft und Mut!

Er wächst nicht überall im deutschen Reiche;
　　Und viele Berge, hört,
Sind, wie die weiland Kreter, faule Bäuche,
　　Und nicht der Stelle wert.

Thüringens Berge zum Exempel bringen
　　Gewächs sieht aus wie Wein;
Ist's aber nicht. Man kann dabei nicht singen,
　　Dabei nicht fröhlich sein.

Im Erzgebirge dürft Ihr auch nicht suchen,
    Wenn Ihr Wein finden wollt.
Das bringt nur Silbererz und Koboldkuchen,
    Und etwas Lausegold.

Der Blocksberg ist der lange Herr Philister,
    Er macht nur Wind wie der;
Drum tanzen auch der Kuckuck und sein Küster
    Auf ihm die Kreuz und Quer.

Am Rhein, am Rhein, da wachsen unsre Reben;
    Gesegnet sei der Rhein!
Da wachsen sie am Ufer hin, und geben
    Uns diesen Labewein.

So trinkt ihn denn, und laßt uns allewege
    Uns freun und fröhlich sein!
Und wüßten wir wo jemand traurig läge,
    Wir gäben ihm den Wein.

Friedrich Gottlieb Klopstock

Der Rheinwein

O du, der Traube Sohn, der im Golde blinkt,
Den Freund, sonst Niemand, lad' in die Kühlung ein.
   Wir drey sind unser werth, und jener
      Deutscheren Zeit, da du, edler Alter,

Noch ungekeltert, aber schon feuriger
Dem Rheine zuhingst, der dich mit auferzog,
   Und deiner heißen Berge Füße
      Sorgsam mit grünlicher Woge kühlte.

Jetzt, da dein Rücken bald ein Jahrhundert trägt,
Verdienest du es, daß man den hohen Geist
   In dir verstehen lern', und Catons
      Ernstere Tugend von dir entglühe.

Der Schule Lehrer kennet des Thiers um ihn,
Kennt aller Pflanzen Seele. Der Dichter weiß
   So viel nicht; aber seiner Rose
      Weibliche Seele, des Weines stärkre,

Den jene kränzt, der flötenden Nachtigall
Erfindungsvolle Seele, die seinen Wein
   Mit ihm besingt, die kennt er besser,
      Als der Erweis, der von Folgen triefet.

Rheinwein, von ihnen hast du die edelste,
Und bist es würdig, daß du des Deutschen Geist
   Nachahmst! bist glühend, nicht aufflammend,
     Taumellos, stark, und von leichtem Schaum leer.

Du duftest Balsam, wie mit der Abendluft
Der Würze Blume von dem Gestade dampft,
   Daß selbst der Krämer die Gerüche
     Atmender trinkt, und nur gleitend fortschifft.

Freund laß die Laub uns schließen; der Lebensduft
Verströmet sonst, und etwa ein kluger Mann
   Möcht' uns besuchen, breit sich setzen,
     Und von der Weisheit wohl gar mit sprechen.

Nun sind wir sicher. Engere Wissenschaft,
Den hellen Einfall, lehr uns des Alten Geist!
   Die Sorgen soll er nicht vertreiben!
     Hast du geweinte, geliebte Sorgen,

Laß mich mit dir sie sorgen. Ich weine mit,
Wenn dir ein Freund starb. Nenn ihn: So starb er mir!
   Das sprach er noch! Nun kam das letzte,
     Letzte Verstummen! nun lag er todt da!

Von allem Kummer, welcher des Sterblichen
Kurzsichtig Leben nervenlos niederwirft,
   Wärst du, des Freundes Tod! der trübste;
     Wär sie nicht auch, die Geliebte, sterblich!

Doch wenn dich, Jüngling, andere Sorg' entflammt,
Und dirs zu heiß wird, daß du der Barden Gang
   Im Haine noch nicht gingst, dein Name
     Noch unerhöht mit der großen Fluth fleußt;

So red'! In Weisheit wandelt sich Ehrbegier,
Wählt jene. Thorheit ist es, ein kleines Ziel
   Das würdigen, zum Ziel zu machen,
     Nach der unsterblichen Schelle laufen!

Noch viel Verdienst ist übrig. Auf, hab es nur;
Die Welt wirds kennen. Aber das edelste
   Ist Tugend! Meisterwerke werden
     Sicher unsterblich; die Tugend selten!

Allein sie soll auch Lohn dieser Unsterblichkeit
Nur wenig achten … Athme nun auf, und trink.
   Wir wollen viel von großen Männern,
     eh sich der Schatten verlängert, noch reden!

Adelheid von Stolterfoth

Gepriesen sei der Rhein

Kommt alle her, ihr fernen Pilgerscharen,
Die niemals noch den stolzen Rhein befahren,
Senkt euren Blick in seine grüne Flut,
Wenn sie bestrahlt die goldne Abendglut.

Ruht aus in halbversunknen Ritterhallen,
Und lauscht dem süßen Lied der Nachtigallen:
Da träumt sich's gut von längstvergangner Zeit
Und was das Herz begeistert und erfreut.

Doch wenn der Mond ringsum in stillen Talen
Und auf den Wogen glänzt mit heil'gen Strahlen,
Wenn leiser sich die Flut am Ufer bricht,
Und drüber zittert sein gebrochnes Licht.

Dann steigt zu Berge, singet eure Lieder
Aus voller Brust vom Felsenthron hernieder,
Und wessen Stirn der Lorbeer auch umlaubt,
Der kränze doch mit Reben sich das Haupt.

Wer auch am Göttertisch ein edler Zecher,
Der fülle doch mit rhein'schem Gold den Becher,
Er heb ihn hoch, er schlürf ihn fröhlich ein
Und rufe laut: gepriesen sei der Rhein!

Guillaume Apollinaire

Rheinische Nacht

In meinem vollen Glas bebt flammengleich der Wein
Hört wie ein Schiffer sacht erzählt in seinem Sang
Wie er wohl sieben Fraun gesehn im Mondenschein
Flechten ihr grünes Haar bis an die Füße lang

Steht auf und lauter singt und hebt den Rundtanz an
Damit ich nur das Lied des Schiffers nicht mehr hör
Die blonden Mädchen holt an meine Seite dann
Die mit dem festen Blick das Haupt von Zöpfen schwer

Denn trunken ist der Rhein dort spiegeln sich die Reben
Und aller Nächte Gold versinkt im Wellenbeben
Noch immer aber ertönt die Stimme todesbang
Von grünbehaarten Feen die Zaubemacht entlang

Und als mein Glas zerbrach es wie Gelächter klang

Emanuel Geibel

Rheinsage

Am Rhein, am grünen Rheine,
Da ist so mild die Nacht,
Die Rebenhügel liegen
In goldner Mondenpracht.

Und an den Hügeln wandelt
Ein hoher Schatten her
Mit Schwert und Purpurmantel,
Die Krone von Golde schwer.

Das ist der Karl, der Kaiser,
Der mit gewalt'ger Hand
Vor vielen hundert Jahren
Geherrscht im deutschen Land.

Er ist heraufgestiegen
Zu Aachen aus der Gruft
Und segnet seine Reben
Und atmet Traubenduft.

Bei Rüdesheim da funkelt
Der Mond ins Wasser hinein
Und baut eine goldene Brücke
Wohl über den grünen Rhein.

Der Kaiser geht hinüber
Und schreitet langsam fort
Und segnet längs dem Strome
Die Reben an jedem Ort.

Dann kehrt er heim nach Aachen
Und schläft in seiner Gruft,
Bis ihn im neuen Jahre
Erweckt der Trauben Duft.

Wir aber füllen die Römer
Und trinken im goldenen Saft
Uns deutsches Heldenfeuer
Und deutsche Heldenkraft.

»Wer will des Stromes Hüter sein«

Politisches und Patriotisches

Georg Herwegh

Die drei Zeichen

Drei Zeichen hat uns Gott bestellt,
Daß wir die Herren dieser Welt:
Das ist der goldne Wein,
Das ist durchs Land der grüne Strom,
Das ist der hohe heil'ge Dom,
Der Dom zu Köln am Rhein.

O Traubenblut, o adlig Blut!
Wer schafft wie du so kühnen Mut,
So frisch und froh Gedeihn?
Der Meister, der den Plan gemacht,
Hat sicher ihn beim Wein erdacht,
Den Dom zu Köln am Rhein.

Dir, deutscher Strom, den zweiten Gruß!
Von freien Alpen kommt der Fluß,
Um deutsches Land zu frein;
Kann ich sein Rauschen verstehn,
So heißt's: Ich will ihn fertig sehn,
Den Dom zu Köln am Rhein.

Ja, wie der Meister dich erschaut,
Bis zu den Sternen auferbaut
Sollst du, o Tempel, sein!

Damit man einst am jüngsten Tag
Noch singen und noch sagen mag
Vom Dom zu Köln am Rhein.

Was will des Teufels Witz und Spott?
Es kehret schon der rechte Gott
Auch bei den Deutschen ein;
Nur frisch, Gesellen, frisch zur Hand!
Macht Platz fürs ganze Vaterland
Im Dom zu Köln am Rhein.

Max Schneckenburger

Die Wacht am Rhein

1

Es braust ein Ruf wie Donnerhall,
Wie Schwertgeklirr und Wogenprall:
Zum Rhein, zum Rhein, zum deutschen Rhein,
Wer will des Stromes Hüter sein?
Lieb' Vaterland, magst ruhig sein,
Fest steht und treu die Wacht am Rhein!

2

Durch Hunderttausend zuckt es schnell,
Und aller Augen blitzen hell;
Der deutsche Jüngling, fromm und stark,
Beschirmt die heil'ge Landesmark.
Lieb' Vaterland, magst ruhig sein,
Fest steht und treu die Wacht am Rhein!

3

Er blickt hinauf in Himmels Au'n,
Wo Heldengeister niederschau'n,
Und schwört mit stolzer Kampfeslust:
Du Rhein bleibst deutsch, wie meine Brust!
Lieb' Vaterland, magst ruhig sein,
Fest steht und treu die Wacht am Rhein!

4

So lang ein Tropfen Blut noch glüht,
Noch eine Faust den Degen zieht,
Und noch ein Arm die Büchse spannt,
Betritt kein Feind hier deinen Strand!
Lieb' Vaterland, magst ruhig sein,
Fest steht und treu die Wacht am Rhein!

5

Und ob mein Herz im Tode bricht,
Wirst du doch drum ein Welscher nicht,
Reich, wie an Wasser deine Flut,
Ist Deutschland ja an Heldenblut!
Lieb' Vaterland, magst ruhig sein,
Fest steht und treu die Wacht am Rhein!

6

Der Schwur erschallt, die Woge rinnt
Die Fahnen flattern hoch im Wind:
Zum Rhein, zum Rhein, zum deutschen Rhein,
Wir alle wollen Hüter sein!
Lieb' Vaterland, magst ruhig sein,
Fest steht und treu die Wacht am Rhein!

7

So führe uns, du bist bewährt;
In Gottvertrau'n greif' zu dem Schwert,
Hoch Wilhelm! Nieder mit der Brut!
Und tilg' die Schmach mit Feindesblut!
Lieb' Vaterland, magst ruhig sein,
Fest steht und treu die Wacht am Rhein!

Ernst Moritz Arndt

Als Thiers die Welschen aufgerührt hatte

Herbstmond 1841

Und brauset der Sturmwind des Krieges heran,
Und wollen die Welschen ihn haben,
So sammle, mein Deutschland, dich stark wie ein Mann
Und bringe die blutigen Gaben,
Und bringe das Schrecken und trage das Grauen
Von all deinen Bergen, aus all deinen Gauen
Und klinge die Losung: Zum Rhein! übern Rhein!
All-Deutschland in Frankreich hinein!

Sie wollen's: So reiße denn, deutsche Geduld,
Reiß' durch von dem Belt bis zum Rheine!
Wir fordern die lange gestundete Schuld –
Auf! Welsche, und rühret die Beine.
Wir wollen im Spiele der Schwerter und Lanzen
Den wilden, den blutigen Tanz mit euch tanzen,
Wir klingen die Losung: Zum Rhein! übern Rhein!
All-Deutschland in Frankreich hinein!

Mein einziges Deutschland, mein kühnes, heran!
Wir wollen ein Liedlein euch singen
Von dem, was die schleichende List euch gewann,
Von Straßburg und Metz und Lothringen:
Zurück sollt ihr zahlen, heraus sollt ihr geben!
So stehe der Kampf uns auf Tod und auf Leben!

So klinge die Losung: Zum Rhein! übern Rhein!
All-Deutschland in Frankreich hinein!

Mein einiges Deutschland, mein freies, heran!
Sie wollen, sie sollen es haben.
Auf! Sammle und rüste dich stark wie ein Mann
Und bringe die blutigen Gaben!
Du, das sie nun nimmer mit Listen zersplittern,
Erbrause wie Windsbraut aus schwarzen Gewittern!
So klinge die Losung: Zum Rhein! übern Rhein!
All-Deutschland in Frankreich hinein!

Nikolaus Becker

Der freie deutsche Rhein

Sie sollen ihn nicht haben
den freien deutschen Rhein,
ob sie wie gierige Raben
sich heiser danach schrein

So lang er ruhig wallend
sein grünes Kleid noch trägt
so lang ein Ruder schallend
In seine Woge schlägt

Sie sollen ihn nicht haben,
den freien deutschen Rhein,
so lang sich Herzen laben
an seinem Feuerwein

So lang in seinem Strome
noch fest die Felsen stehn,
so lang sich hohe Dome
in seinem Spiegel sehn

Sie sollen ihn nicht haben
Den freien deutschen Rhein
So lang dort kühne Knaben
Um schlanke Dirnen frein

So lang die Flossen hebet
Ein Fisch auf seinem Grund
So lang ein Lied noch lebet
In seiner Sänger Mund

Sie sollen ihn nicht haben
Den freien deutschen Rhein
Bis seine Fluten begraben
Des letzten Manns Gebein

Ernst Moritz Arndt

Das Lied vom Rhein an Niklas Becker

1840

Es klang ein Lied vom Rhein
Ein Lied aus deutschem Munde,
Und schnell wie Blitzesschein
Durchflog's die weite Runde,
Und heiß wie Blitzesschein
Durchzuckt es jede Brust
Mit alter Wehen Pein,
Mit junger Freuden Lust.

Sein heller Wiederklang
Vom Süden fort zum Norden
Ist gleich wie Wehrgesang
Des Vaterlands geworden.
Nun brause fröhlich, Rhein:
Nie soll ob meinem Hort
Ein Welscher Wächter sein!
Das brause fort und fort.

Und stärkrer Wiederklang
Gleich Pauken und Posaunen,
Gleich kühnem Schlachtgesang
Klingt Welschland durch mit Staunen –
Es klinget. Neue Zeit
Und neues Volk ist da;

Komm, Hoffart, willst du Streit,
Germania ist da.

Drum klinge, Lied vom Rhein!
Drum klinget, deutsche Herzen!
Neu, jung will alles sein –
Fort, fort die alten Schmerzen!
Der alten Wahne Tand!
Alleinig stehn wir da,
Fürs ganze Vaterland,
Jung steht Germania.

Alfred de Musset

Der deutsche Rhein

——•◆•——

Antwort auf das Lied von Becker

Wir haben ihn gehabt, den deutschen Rhein.
   In unserm Glas sahn wir ihn funkeln.
   Mit eures Schlagers Prahlerein
   Wollt ihr die stolze Spur verdunkeln,
Die unsrer Rosse Huf grub euch ins Blut hinein?

Wir haben ihn gehabt, den deutschen Rhein.
   In seiner Brust klafft eine Wunde.
   Das Kleid mit seinem grünen Schein
   Zerriß Condé in stolzer Stunde.
Wo Väter eingekehrt, kehrt leicht der Sohn auch ein.

Wir haben ihn gehabt, den deutschen Rhein.
   Wo waren die Germanensitten,
   Als über eure Länderein
   Des mächtgen Kaisers Schatten glitten?
Wo denn liegt eingesargt des letzten Manns Gebein?

Wir haben ihn gehabt, den deutschen Rhein.
   Habt ihr das Weltgeschehn vergessen,
   So dachten eure Jüngferlein
   Um so viel mehr an uns indessen.
Sie füllten uns den Krug mit eurem kleinen Wein.

Gehört er euch denn, euer deutscher Rhein,
   Wascht die Livree darin bescheiden;
   Doch mäßigt euer stolzes Schrein.
   Wieviele Raben, auszuweiden
Den todeswunden Aar, mögt ihr gewesen sein?

Laßt friedlich fließen euern deutschen Rhein;
   Er spiegele geruhsam wider
   Der Dome gotisches Gestein;
   Doch hütet euch, durch trunkne Lieder
Von ihrem blutgen Schlaf die Toten zu befrein.

Heinrich Heine

Und als ich an die Rheinbrück kam

Und als ich an die Rheinbrück kam,
Wohl an die Hafenschanze,
Da sah ich fließen den Vater Rhein
Im stillen Mondenglanze.

Sey mir gegrüßt, mein Vater Rhein,
Wie ist es dir ergangen?
Ich habe oft an dich gedacht
Mit Sehnsucht und Verlangen.

So sprach ich, da hört' ich im Wasser tief
Gar seltsam grämliche Töne,
Wie Hüsteln eines alten Manns,
Ein Brümmeln und weiches Gestöhne:

»Willkommen, mein Junge, das ist mir lieb,
Daß du mich nicht vergessen;
Seit dreyzehn Jahren sah ich dich nicht,
Mir ging es schlecht unterdessen.

Zu Biberich hab' ich Steine verschluckt,
Wahrhaftig sie schmeckten nicht lecker!
Doch schwerer liegen im Magen mir
Die Verse von Niklas Becker.

Er hat mich besungen, als ob ich noch
Die reinste Jungfer wäre,
Die sich von niemand rauben läßt
Das Kränzlein ihrer Ehre.

Wenn ich es höre, das dumme Lied,
Dann möcht ich mir zerraufen
Den weißen Bart, ich möchte fürwahr
Mich in mir selbst ersaufen!

Daß ich keine reine Jungfer bin,
Die Franzosen wissen es besser,
Sie haben mit meinem Wasser so oft
Vermischt ihr Siegergewässer.

Das dumme Lied und der dumme Kerl!
Er hat mich schmählich blamiret,
Gewissermaßen hat er mich auch
Politisch kompromittiret.

Denn kehren jetzt die Franzosen zurück,
So muß ich vor ihnen erröthen,
Ich, der um ihre Rückkehr so oft
Mit Thränen zum Himmel gebeten.

Ich habe sie immer so lieb gehabt,
Die lieben kleinen Französchen –
Singen und springen sie noch wie sonst?
Tragen noch weiße Höschen?

Ich möchte sie gerne wiedersehn,
Doch fürcht' ich die Persifflage,
Von wegen des verwünschten Lieds
Von wegen der Blamage.

Der Alfred de Müsset, der Gassenbub,
Der kommt an ihrer Spitze
Vielleicht als Tambour, und trommelt mir vor
All seine schlechten Witze.«

So klagte der arme Vater Rhein,
Konnt sich nicht zufrieden geben.
Ich sprach zu ihm manch tröstendes Wort,
Um ihm das Herz zu heben:

O, fürchte nicht, mein Vater Rhein,
Den spöttelnden Scherz der Franzosen;
Sie sind die alten Franzosen nicht mehr,
Auch tragen sie andere Hosen.

Die Hosen sind roth und nicht mehr weiß,
Sie haben auch andere Knöpfe,
Sie singen nicht mehr, sie springen nicht mehr,
Sie senken nachdenklich die Köpfe.

Sie philosophiren und sprechen jetzt
Von Kant, von Fichte und Hegel,
Sie rauchen Tabak, sie trinken Bier,
Und manche schieben auch Kegel.

Sie werden Philister ganz wie wir
Und treiben es endlich noch ärger;
Sie sind keine Voltairianer mehr,
Sie werden Hengstenberger.

Der Alfred de Müsset, das ist wahr,
Ist noch ein Gassenjunge;
Doch fürchte nichts, wir fesseln ihm
Die schändliche Spötterzunge.

Und trommelt er dir einen schlechten Witz,
So pfeifen wir ihm einen schlimmern,
Wir pfeifen ihm vor, was ihm passirt
Bey schönen Frauenzimmern.

Gieb dich zufrieden, Vater Rhein,
Denk' nicht an schlechte Lieder,
ein besseres Lied vernimmst du bald –
Leb wohl, wir sehen uns wieder.

Ferdinand Freiligrath

Hurra, Germania!

Hurra, du stolzes schönes Weib,
Hurra, Germania!
Wie kühn mit vorgebeugtem Leib
Am Rheine stehst du da!
Im vollen Brand der Juliglut,
Wie ziehst du risch dein Schwert!
Wie trittst du zornig frohgemut
Zum Schutz vor deinen Herd!
Hurra, hurra, hurra!
Hurra, Germania!

Du dachtest nicht an Kampf und Streit:
In Fried' und Freud' und Ruh'
Auf deinen Feldern, weit und breit,
Die Ernte schnittest du.
Bei Sichelklang im Ährenkranz
Die Garben fuhrst du ein:
Da plötzlich, horch, ein andrer Tanz!
Das Kriegshorn überm Rhein!
Hurra, hurra, hurra!
Hurra, Germania!

Da warfst die Sichel du ins Korn,
Den Ährenkranz dazu;

Da fuhrst du auf in hellem Zorn,
Tief atmend auf im Nu;
Schlugst jauchzend in die Hände dann:
Willst du's, so mag es sein!
Auf, meine Kinder, alle Mann!
Zum Rhein! zum Rhein! zum Rhein!
Hurra, hurra, hurra!
Hurra, Germania!

Da rauscht das Haff, da rauscht der Belt,
Da rauscht das deutsche Meer;
Da rückt die Oder dreist ins Feld,
Die Elbe greift zur Wehr.
Neckar und Weser stürmen an,
Sogar die Flut des Mains!
Vergessen ist der alte Span:
Das deutsche Volk ist eins!
Hurra, hurra, hurra!
Hurra, Germania!

Schwaben und Preußen Hand in Hand;
Der Nord, der Süd ein Heer!
Was ist des Deutschen Vaterland, –
Wir fragen's heut nicht mehr!
Ein Geist, ein Arm, ein einz'ger Leib,
Ein Wille sind wir heut!
Hurra, Germania, stolzes Weib!
Hurra, du große Zeit!
Hurra, hurra, hurra!
Hurra, Germania!

Mag kommen nun, was kommen mag:
Fest steht Germania!

Dies ist All-Deutschlands Ehrentag:
Nun weh dir, Gallia!
Weh, daß ein Räuber dir das Schwert
Frech in die Hand gedrückt!
Fluch ihm! Und nun für Heim und Herd
Das deutsche Schwert gezückt!
Hurra, hurra, hurra!
Hurra, Germania!

Für Heim und Herd, für Weib und Kind,
Für jedes teure Gut,
Dem wir bestellt zu Hütern sind
Vor fremden Frevelmut!
Für deutsches Recht, für deutsches Wort,
Für deutsche Sitt' und Art, –
Für jeden heil'gen deutschen Hort,
Hurra! zur Kriegesfahrt!
Hurra, hurra, hurra!
Hurra, Germania!

Auf, Deutschland, auf, und Gott mit dir!
Ins Feld! der Würfel klirrt!
Wohl schnürt's die Brust uns, denken wir
Des Bluts, das fließen wird!
Dennoch das Auge kühn empor!
Denn siegen wirst du ja:
Groß, herrlich, frei, wie nie zuvor!
Hurra, Germania!
Hurra, Viktoria!
Hurra, Germania!

Max von Schenkendorf

Das Lied vom Rhein

—·—◆—·—

1

Es klingt ein heller Klang,
Ein schönes deutsches Wort,
In jedem Hochgesang
Der freien Männer fort:
Ein alter König hochgeboren,
Dem jedes treue Herz geschworen;
Wie oft sein Name wiederkehrt,
Man hat ihn nie genug gehört.

2

Das ist der heilge Rhein,
Ein Herrscher reich begabt,
Des Name schon wie Wein,
Die treue Seele labt.
Es regen sich in allen Herzen
Viel vaterländsche Lust und Schmerzen,
Wenn man das deutsche Lied beginnt
Vom Rhein, dem hohen Felsenkind.

Wir huldgen unserm Herrn,
Wir trinken seinen Wein.
Die Freiheit sei der Stern,
Die Losung sei der Rhein!
Wir wollen ihm aufs neue schwören,
Wir müssen ihm, er uns gehören.
Vom Felsen kommt er frei und hehr,
Er fließe frei in Gottes Meer.

Ferdinand Freiligrath

Von unten auf

Ein Dämpfer kam von Bieberich: – stolz war die Furche, die er
    zog!
Er qualmt' und räderte zu Thal, daß rechts und links die
    Brandung flog!
Von Wimpeln und von Flaggen voll, schoß er hinab keck und
    erfreut:
Den König, der in Preußen herrscht, nach seiner Rheinburg trug
    er heut!

Die Sonne schien wie lauter Gold! Auftauchte schimmernd
    Stadt um Stadt!
Der Rhein war wie ein Spiegel schier, und das Verdeck war
    blank und glatt!
Die Dielen blitzten frisch gebohnt, und auf den schmalen her
    und hin
Vergnügten Auges wandelten der König und die Königin!

Nach allen Seiten schaut' umher und winkte das erhabne Paar;
Des Rheingau's Reben grüßten sie und auch dein Nußlaub,
    Sankt Goar!
Sie sahn zu Rhein, sie sahn zu Berg: – wie war das Schifflein
    doch so nett!
Es ging sich auf den Dielen fast, als wie auf Sanssoucis Parket!

Doch unter all der Nettigkeit und unter all der schwimmenden
    Pracht,

Da frißt und flammt das Element, das sie von dannen schießen
    macht;
Da schafft in Ruß und Feuersgluth, der dieses Glanzes Seele ist;
Da steht und schürt und ordnet er – der Proletarier-Maschinist!

Da draußen lacht und grünt die Welt, da draußen blitzt und
    rauscht der Rhein –
Er stiert den lieben langen Tag in seine Flammen nur hinein!
Im wollnen Hemde, halbernackt, vor seiner Esse muß er steh'n,
Derweil ein König über ihm einschlürft der Berge freies Weh'n!

Jetzt ist der Ofen zugekeilt, und alles geht und alles paßt;
So gönnt er auf Minuten denn sich eine kurze Sklavenrast.
Mit halbem Leibe taucht er auf aus seinem lodernden Versteck;
In seiner Fallthür steht er da, und überschaut sich das Verdeck.

Das glüh'nde Eisen in der Hand, Antlitz und Arme rot erhitzt,
Mit der gewölbten haar'gen Brust auf das Geländer breit
    gestützt –
So läßt er schweifen seinen Blick, so murrt er leis dem Fürsten
    zu:
»Wie mahnt dies Boot mich an den Staat! Licht auf den Höhen
    wandelst du!

»Tief unten aber, in der Nacht und in der Arbeit dunkelm Schoß,
Tief unten, von der Not gespornt, da schür' und schmied' ich
    mir mein Los!
Nicht meines nur, auch deines, Herr! Wer hält die Räder dir im
    Takt,
Wenn nicht mit schwielenharter Faust der Heizer seine Eisen
    packt?

»Du bist viel weniger ein Zeus, als ich, o König, ein Titan!
Beherrsch' ich nicht, auf dem du gehst, den allzeit kochenden
    Vulkan?

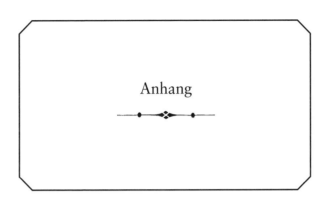

Anhang

An dieser Stelle möchten wir Sie, liebe Leserinnen und Leser, auf zwei sehr anregende Anthologien zum Rhein hinweisen, die uns bei unserer Auswahl sehr inspiriert haben und aus denen wir einige der hier abgedruckten Beiträge entnommen haben: *Der Rhein. Ein literarischer Reiseführer*, herausgegeben von Gertrude Cepl-Kaufmann und Hella-Sabrina Lange, Darmstadt 2006, sowie *Warum ist es am Rhein so schön?*, herausgegeben von Sabine Brenner-Wilczek, Stuttgart 2007.

Autorenviten und Quellenverzeichnis

Guillaume Apollinaire wurde 1880 als Wilhelm Albert Vladimir Apollinaris de Wąż-Kostrowitcky in Rom geboren und starb 1918 in Paris. Der französische Dichter italienisch-polnischer Herkunft gilt als einer der bedeutendsten Dichter Frankreichs zu Beginn des zwanzigsten Jahrhunderts. Nach seiner Kindheit und Jugend in Rom und Cannes zog Apollinaire 1899 mit seiner Familie nach Paris, wo er erste Gedichte und Erzählungen schrieb. 1902 bereiste er Deutschland, kam nach Berlin, Dresden, Wien und Prag, außerdem erschien seine erste Erzählung unter dem fortan verwendeten Pseudonym. Er schrieb Gedichte, Erzählungen, Literatur- und Kunstkritiken und unterhielt Kontakt zu Alfred Jarry, Pablo Picasso und Max Jacob. Seine Kriegsbegeisterung verarbeitete er 1914 auch literarisch, doch seine freiwillige Meldung zum Kriegsdienst wurde dem Ausländer erst einmal verweigert. Er beantragte seine Einbürgerung, sein Pseudonym wurde sein offizieller Name und 1915 wurde er an die Front geschickt. Nach einer Verletzung kehrte er 1916 nach Paris zurück, wurde ab 1917 in der Zensurabteilung des Kriegsministeriums beschäftigt. 1918 starb er nach einer schweren Lungenentzündung.

Apollinaire, Guillaume: Mai; Rheinische Nacht. In: Ders.: *Poetische Werke/Œuvres poétiques.* Hrsg. v. Gerd Henninger. Berlin 1969. © Gallimard, Paris

Ernst Moritz Arndt, geboren 1769 auf Schloss Schoritz auf Rügen, gestorben 1860 in Bonn, war ein deutscher Schriftsteller und Abgeordneter der Frankfurter Nationalversammlung. Er gilt als der bedeutendste Lyriker der Epoche der Freiheitskriege. 1791 begann er ein Studium der Theologie und Geschichte in Greifswald, das er in Jena fortsetzte.

1796−98 unternahm er eine Reise durch Deutschland, Ungarn, Österreich und Frankreich. 1800 wurde er Privatdozent an der Universität Greifswald, die heute seinen Namen trägt. Nach der Schlacht bei Jena und Auerstedt floh er, durch seine Schriften als ›Franzosenhasser‹ bekannt, vor Napoleons Truppen nach Schweden. 1809 kehrte er illegal nach Deutschland zurück, reiste 1812 als Privatsekretär des Freiherrn vom Stein mit diesem über Prag nach St. Petersburg. 1813 kehrte Arndt nach der Niederlage Napoleons in seine Heimat zurück. Nach einem einjährigen Aufenthalt als Professor für Geschichte in Bonn wurde er im Rahmen der sogenannten Demagogenverfolgung 1819 suspendiert und erst 1840 rehabilitiert. Von 1841 bis zu seiner Emeritierung 1854 war er Rektor der Bonner Universität. 1848 zog er als Abgeordneter für Solingen in die Frankfurter Nationalversammlung ein, trat jedoch desillusioniert im Folgejahr bereits wieder aus, blieb aber als patriotischer Literat weiterhin aktiv.

Arndt, Ernst Moritz: Als Thiers die Welschen aufgerührt hatte; Das Lied vom Rhein an Niklas Becker. In: *Arndts Gedichte*. Berlin, Leipzig 1935.

Rose Ausländer wurde als Rosalie Beatrice Scherzer 1901 in Czernowitz, Österreich-Ungarn, geboren und starb 1988 in Düsseldorf. Nach einer kurzen Studienzeit als Gasthörerin an der Czernowitzer Universität in den Fächern Philosophie und Literatur verließ die Dichterin mit ihrem Studienfreund Ignaz Ausländer 1921 die Bukowina nach deren Anschluss an Rumänien, emigrierte in die USA, wo sie 1927 die Staatsbürgerschaft erhielt. 1931 kehrte sie mit ihrem zweiten Ehemann nach Czernowitz zurück. Nach erneuter Emigration 1939 in die USA kehrte sie bereits im selben Jahr wieder zurück, um ihre kranke Mutter zu pflegen. Ausländer wurde 1941 ins Ghetto der Stadt eingewiesen, wo sie Paul Celan kennenlernte. 1946 ging sie erneut nach New York. Bis 1956 schrieb sie keine Gedichte auf Deutsch. 1957 traf sie in Paris Paul Celan wieder, 1964 übersiedelte sie nach Wien, 1965 nach Düsseldorf. Ihr zweiter Gedichtband erschien in diesem Jahr und brachte den literarischen Durchbruch. Von 1972 bis zu ihrem Lebensende wohnte die Dichterin im Altenheim der Jüdischen Gemeinde Düsseldorf und widmete sich ganz dem Schreiben.

Ausländer, Rose: Lorelei. In: Dies.: *Wieder ein Tag aus Glut und Wind. Gedichte 1980–1982.* © S. Fischer Verlag GmbH Frankfurt am Main 1986

Ausländer, Rose: September. In: Dies.: *Ich höre das Herz des Oleanders. Gedichte 1977–1979.* © S. Fischer Verlag GmbH Frankfurt am Main 1984

Karl Baedeker wurde 1801 in Essen geboren und starb 1859 in Koblenz. Er war ein deutscher Verleger und Autor von Reiseführern. Seine Reiseführer waren faktenreiche, übersichtige Informationsbücher, die die Reisenden erstmalig von Fremdenführern unabhängig eine Region erkunden ließen. Baedeker war berühmt für seine Genauigkeit und etablierte mit seiner Auswahl in den Führern einen Kanon der jeweiligen Sehenswürdigkeiten und Reiserouten.

Baedeker, Karl: *Rheinreise von Basel bis Düsseldorf.* Koblenz 1849.

Nikolaus Becker wurde 1809 in Bonn geboren und starb 1845 in Hünshoven. Nach dem Studium der Rechtswissenschaft wurde Becker Gerichtsreferendar und später Schreiber bei einem Friedensgericht. Berühmt wurde er 1840 mit seinem antifranzösischen ›Rheinlied‹, seine anderen Gedichte sind hingegen vergessen.

Becker, Nikolaus: Der freie deutsche Rhein. In: *Der Rhein. Eine Reise mit Geschichten, Gedichten und farbigen Fotografien.* Hrsg. v. Helmut J. Schneider. Frankfurt am Main, Leipzig 1997.

Wolf Biermann wurde 1936 in Hamburg geboren, wo er heute als Lyriker und Liedermacher wieder lebt. Er übersiedelte 1953 nach dem Schulabschluss in die DDR, begann ein Studium der Politischen Ökonomie an der Humboldt-Universität in Berlin, war 1957–59 Regieassistent am Berliner Ensemble, studierte bis 1963 Philosophie und Mathematik, erhielt jedoch aus politischen Gründen trotz eines erfolgreichen Abschlusses im Fach Philosophie kein Diplom. Dieses wurde ihm 2008 während des Festakts zur Verleihung der Ehrendoktorwürde der Humboldt-Universität Berlin nachträglich überreicht. 1960 lernte Biermann Hanns Eisler kennen, der ihn sehr prägte, und schrieb erste Gedichte und Lieder. 1964 hatte der Liedermacher einen Gastspielauftritt in der Bundesrepublik und veröffentlichte einen Lyrikband im Westberliner Verlag Klaus Wagenbach, woraufhin ein totales Auftritts- und Publikationsverbot in der DDR gegen ihn verhängt wurde. Wegen seiner Kritik an der politischen Führung der DDR, die dies als »grobe Verletzung der staatsbürgerlichen Pflichten« wertete, wurde er nach einer genehmigten Konzertreise 1976 nach Westdeutschland im selben Jahr aus der DDR ausgebürgert. Diese Ausbürgerung war ein einschneidendes Ereignis für die Künstlerszene der DDR und führte zu engagierten Protesten und zahlreichen Auftrittsverboten und Ausreisen anderer Künstler. Biermann wurde nach der Wiedervereinigung mit zahlreichen bedeutenden Preisen gewürdigt.

Biermann, Wolf: Ballade von Leipzig nach Köln. In: Ders.: *Nachlaß 1.* Köln 1977. © 1977 by Wolf Biermann

Heinrich Böll, geboren 1917 in Köln, gestorben 1985 in Langenbroich, war einer der bedeutendsten deutschen Schriftsteller der Nachkriegszeit. Nach dem Abitur begann Böll eine Buchhändlerlehre in Bonn, die er jedoch abbrach. Er wurde 1938 zum Reichsarbeitsdienst eingezogen, begann 1939 sein Studium der Germanistik und klassischen Philologie in Köln, schrieb seinen ersten Roman, wurde jedoch von der Wehrmacht einberufen und blieb bis 1945 Soldat. Nach der Entlassung aus amerikanischer Gefangenschaft und dem Kriegsende begann Böll wieder zu schreiben. Es entstanden Texte, deren zentrale Themen die Erfahrung des Krieges und die Nachkriegszeit sind. 1972 erhielt der Autor den Literaturnobelpreis. Böll äußerte sich in den folgenden Jahren engagiert zu politischen Themen, etwa dem Umgang mit der RAF, und setzte sich kritisch mit der katholischen Kirche auseinander.

Böll, Heinrich: Undines gewaltiger Vater. In: *Werke. Kölner Ausgabe, Band 10.* von Heinrich Böll. Hrsg. v. Viktor Böll. © 2005 by Verlag Kiepenheuer & Witsch GmbH & Co. KG, Köln

Böll, Heinrich: Der Rhein. In: *Werke. Kölner Ausgabe Band 12.* von Heinrich Böll. Hrsg. v. Robert C. Conrad. © 2008 by Verlag Kiepenheuer & Witsch GmbH & Co. KG, Köln

Clemens Brentano, geboren 1778 in Ehrenbreitstein, starb 1842 in Aschaffenburg, war ein deutscher Schriftsteller. 1798 studierte er einzelne Semester Medizin in Jena, widmete sich jedoch zunehmend seinen literarischen Neigungen und wurde in den Kreis der Frühromantiker aufgenommen. 1801 kam er als Student der Philosophie nach Göttingen, wo er sich mit seinem »Herzbruder« Achim von Arnim anfreundete. 1804 zog er nach Heidelberg, 1809 nach Berlin. In den Folgejahren unternahm er verschiedene Reisen, kehrte 1815 nach Berlin zurück, übersiedelte schließlich 1833 nach München. Er gilt neben Achim von Arnim als der wichtigste Vertreter der so genannten Heidelberger Romantik.

Brentano, Clemens: Auf dem Rhein; Lore Lay*. In: Ders.: *Werke*. Bd. 1. Stuttgart 2007.

Brentano, Clemens: Nun, gute Nacht; Wie klinget die Welle. In: Ders.: *Das Rheinmärchen*. Hrsg. v. Brigitte Schillbach. Stuttgart u. a. 1991.

George Gordon Noël Lord Byron wurde 1788 in London geboren und starb 1824 in Messolongi, Griechenland. Er war einer der bedeutendsten Dichter der englischen Romantik. Nach Erreichen der Volljährigkeit nahm er 1808 seinen Sitz im House of Lords ein, 1809 bereiste er den Mittelmeerraum und erlangte 1812 nach der Publikation der ersten beiden Canti von ›Child Harold's Pilgrimage‹ große Bekanntheit. Sein Verhältnis zu einer verheirateten Frau löste einen gesellschaftlichen Skandal aus und brachte ihm den Ruf ein, ein Mann von zweifelhafter Moral zu sein. Ab 1816 lebte Byron mit seinem Leibarzt Polidori am Genfer See, wo er u. a. Besuch von Percy und Mary Shelley bekam. In dieser Gruppe verfasste man Schauergeschichten, es entstanden hier Mary Shelleys ›Frankenstein‹ sowie Polidoris Erzählung ›The Vampyre‹, die als erste dieses literarischen Genres gilt. Kurze Zeit später siedelte Byron nach Venedig über, er pflegte Kontakt zur Separatistenorganisation der Carbonari, geriet in Konflikt mit italienischen Fürstenhäusern und wurde 1823 nach Pisa verbannt. Der Philhellene Byron übernahm im gleichen Jahr das ihm angebotene Kommando über die freien griechischen Streitkräfte und starb im Folgejahr an Unterkühlung und Schwäche im griechischen Messolongi.

Byron, George Gordon Noël: Der Drachenfels. In: *Byronns sämmtliche Werke*. Hrsg. v. R. Böttger. Leipzig 1912.

Matthias Claudius war ein deutscher Dichter und Journalist, der 1740 in Reinfeld, Holstein geboren wurde und 1815 in Hamburg starb. Er begann 1759 ein Studium der Theologie, später der Philosophie, Rechts- und Volkswirtschaft in Jena, das er nicht abschloss. 1764/65 reiste Claudius als Sekretär von Graf Ulrich Adolph nach Kopenhagen, wo er Friedrich Gottlieb Klopstock kennenlernte, der seine literarische Arbeit stark prägte. 1768–70 arbeitete Claudius als Redakteur in Hamburg, wo er Kontakt zu Johann Gottfried Herder und Gotthold Ephraim Lessing hatte. 1770 wurde er in Wandsbek Redakteur der ersten deutschen Volkszeitung ›Der Wandsbecker Bothe‹, die 1775 eingestellt wurde. Ab 1785 erhielt Claudius Ehrensold vom dänischen Kronprinzen Friedrich, den Claudius' literarische Arbeit überzeugt hatte. 1813 floh der Dichter angesichts der Kriegsereignisse nach Kiel und Lübeck, kehrte jedoch 1814 als Schwerkranker nach Hamburg zurück, wo er schließlich starb.

Claudius, Matthias: Rheinweinlied. In: Ders.: *Sämtliche Werke*. München [1969].

Peter Cornelius wurde 1824 in Mainz geboren, wo er 1874 auch starb. Er war ein deutscher Dichter und Komponist. 1843 wurde er in Mainz zum Hofschauspieler ernannt, übersiedelte 1844 nach Berlin, wo er jedoch nach mehreren Misserfolgen die Schauspielerei aufgab. Er studierte Komposition, es entstanden erste Kammer- und Kirchenmusikwerke. 1853 lernte Cornelius in Weimar Franz Liszt kennen und lebte bis 1858 mit Unterbrechungen dort. 1859 zog er nach Wien, 1865 übersiedelte er, einem Ruf Richard Wagners folgend, nach München, wo er Dozent für Rhetorik und Harmonielehre an der Musikhochschule wurde. Er starb 1874 an damals nicht heilbarem Diabetes.

Cornelius, Peter: Rheinische Lieder. In: Ders.: *Literarische Werke*. Bd. 4. Leipzig 1905.

Annette von Droste-Hülshoff, geboren 1797 als Anna Elisabeth Franzisca Adolphina Wilhelmina Ludovica Freiin von Droste zu Hülshoff auf Burg Hülshoff bei Münster, starb 1848 in Meersburg am Bodensee. Sie ist eine der bedeutendsten deutschen Dichterinnen. Ihre erste große Reise führte sie 1825 an den Rhein, nach Köln, Bonn und Koblenz. Enge Freundschaften verbanden sie mit Adele Schopenhauer und Sibylle Mertens-Schaaffhausen. Ab 1841 lebte Droste-Hülshoff bei ihrem Schwager auf Schloss Meersburg, wo sie vermutlich an einer schweren Lungenetzündung starb.

Droste-Hülshoff, Annette von: Die Stadt und der Dom. In: Dies.: *Sämtliche Werke*. München 1966.

John von Düffel ist ein deutscher Schriftsteller, der 1966 in Göttingen geboren wurde. Nach dem Studium der Germanistik, Philosophie und Volkswirtschaftslehre promovierte er 1989 mit einer Arbeit zur Erkenntnistheorie. Im Anschluss arbeitete er als Filmjournalist und Theaterkritiker. Parallel zu seiner schriftstellerischen Arbeit war er ab 1993 als Dramaturg an verschiedenen deutschsprachigen Bühnen engagiert. Er wohnt und arbeitet heute in Bremen.

Düffel, John von: *Vom Wasser*, S. 37. © 1998 DuMont Literatur und Kunst Verlag Köln

Theodor Fontane, geboren 1819 in Neuruppin, war ein deutscher Schriftsteller und approbierter Apotheker, der 1898 in Berlin starb. Nach mehreren Angestelltenpositionen als Apotheker in Magdeburg, Leipzig und Dresden gab er 1849 den ungeliebten Beruf auf und beschloss, als freier Schriftsteller zu arbeiten. Er gilt als der bedeutendste Vertreter des poetischen Realismus.

Fontane, Theodor: Am Rheinfall bei Schaffhausen*. In: Ders.: *Briefe in zwei Bänden*. Ausgewählt und erläutert von Gotthard Erler. Bd. 1. München 1981.

Georg Forster war ein Naturforscher, Ethnologe, Reiseschriftsteller, Journalist und Essayist, der 1754 in Nassenhuben bei Danzig geboren wurde und 1794 in Paris starb. Bereits als Zehnjähriger begleitete er seinen Vater auf einer Forschungsreise nach Russland, wo er an kartografischen Studien beteiligt war. 1766 übersiedelte er mit seinem Vater nach England, wo der Dreizehnjährige eine Übersetzung von Lomonossows »Kurze Russische Geschichte« ins Englische veröffentlichte. 1772 stachen Vater und Sohn, dieser als Zeichner angeheuert, mit Captain James Cook zu dessen zweiter Weltumseglung in See. Forster verfasste Studien zu Pflanzen- und Tierwelt der Südsee, wendete sich aber bald seinem eigentlichen Interessenschwerpunkt zu: der ethnografischen Forschung. 1777 veröffentlichte er seine Reisebeschreibung »Reise um die Welt«, die ihn sofort berühmt machte. 1779 wurde er Professor für Naturgeschichte in Kassel, wechselte 1784 ins damals polnische Vilnius. Er stand in regem Austausch mit den wichtigsten Vertretern der Aufklärung in Deutschland und publizierte regelmäßig Aufsätze zu Forschungsreisen seiner Zeit. 1788 trat Forster die Stelle des Oberbibliothekars der Universität Mainz an und unternahm von dort aus 1790 mit Alexander von Humboldt eine ausgedehnte Reise, die er in dem dreibändigen Werk »Ansichten vom Niederrhein« schildert. Er beobachtete als Gegner des Ancien Régime die Revolution in Frankreich, trat 1792 dem Jakobinerclub bei und war aktiv an der Gründung der Mainzer Republik beteiligt. Als Abgeordneter des Nationalkonvents wurde er nach Paris entsandt, wo er die Schreckensherrschaft unter Robespierre erlebte. Er starb in Paris an einer Lungenentzündung.

Forster, Georg: Von Bingen nach Koblenz. Aus: Ansichten vom Niederrhein, von Brabant, Flandern, Holland, England und Frankreich im April, Mai und Junius 1790. In: *Der Rhein. Ein literarischer Reiseführer.* Hrsg. v. Gertrude Cepl-Kaufmann und Hella-Sabrina Lange. Darmstadt 2006.

Ferdinand Freiligrath wurde 1810 in Detmold geboren und starb 1876 in Canstatt. Er war ein deutscher Lyriker und Übersetzer. Nach kaufmännischen Tätigkeiten in Soest und Barmen lebte Freiligrath ab 1839 als freier Schriftsteller in Unkel am Rhein. 1841 ließ er sich in Darmstadt nieder, im Folgejahr übersiedelte er mit seiner Frau nach St. Goar. Seine Sammlung politischer Gedichte erschien 1844, 1845 zog er nach Brüssel, wo er Karl Marx begegnete, und noch im gleichen Jahr weiter nach Zürich, wo er Gottfried Keller und Franz Liszt kennenlernte. Aus finanziellen Gründen ging er im folgenden Jahr als kaufmännischer Korrespondent nach London. Den Ausbruch der Revolution 1848 begrüßte er in seinen Gedichten und kehrte nach Deutschland zurück. 1851 floh er, steckbrieflich gesucht, nach London. 1868 kam er zurück, ließ sich 1874 in Canstatt nieder.

Freiligrath, Ferdinand: Hurra, Germania! In: *Freiligraths Werke.* Hrsg. v. Paul Zaunert. Leipzig, Wien 1912.

Freiligrath, Ferdinand: Rolandseck. In: *Der Rhein. Ein literarischer Reiseführer.* Hrsg. v. Gertrude Cepl-Kaufmann und Hella-Sabrina Lange. Darmstadt 2006.

Freiligrath, Ferdinand: Von unten auf. In: *Ferdinand Freiligraths sämtliche Werke, Bd. 1.* Hrsg. v. Rudolf von Gottschall. Berlin [o. J.]

Erich Fried, geboren 1921 in Wien, gestorben 1988 in Baden-Baden, war ein österreichischer Lyriker, Übersetzer und Essayist. 1938 emigrierte Fried nach London, wo er u. a. ab 1952 als politischer Kommentator für den German Service der BBC arbeitete. In diesen Jahren übertrug er Gedichte von T. S. Eliot und Sylvia Plath sowie 21 Dramen Shakespeares ins Deutsche. 1962 kam Fried erstmals wieder nach Wien, 1963 wurde er Mitglied der Gruppe 47. Ab 1968 widmete er sich ausschließlich seiner schriftstellerischen Tätigkeit und seinem politischen Engagement. Fried ist ein Hauptvertreter der politischen Lyrik der Nachkriegszeit.

Fried, Erich: Rheinmärchen. In: Ders.: *Einbruch der Wirklichkeit.* © Verlag Klaus Wagenbach, Berlin 1991

Fried, Erich: Winterreise. In: Ders.: *So kam ich unter die Deutschen. Gesammelte Werke, Bd. 2.* © Verlag Klaus Wagenbach, Berlin 1993

Emanuel Geibel war ein deutscher Lyriker, der 1815 in Lübeck geboren wurde, wo er 1884 auch starb. Ab 1835 studierte er in Bonn Theologie und klassische Philologie, was er im Folgejahr in Berlin fortsetzte. Dort schloss er Freundschaft mit Adelbert von Chamisso, Bettine von Arnim und Joseph von Eichendorff. 1839 ging er als Hauslehrer eines russischen Gesandten nach Griechenland, lebte danach von 1841–42 auf Schloss Escheberg in Nordhessen und veröffentlichte erste Gedichte. 1852 erhielt er eine Ehrenprofessur für deutsche Literatur und Poetik in München. Aus politischen Gründen bat der Preuße den bayerischen König Maximillian II. um Entlassung und kehrte 1868 nach Lübeck zurück.

Geibel, Emanuel: Abschied von Sankt Goar. In: Ders. *Werke*. Bd. 1. Leipzig, Wien 1918.

Geibel, Emanuel: Rheinsage. In: Ders.: *Gesammelte Werke in acht Bänden*. Bd. 1. Stuttgart 1883.

Johann Wolfgang von Goethe (geadelt 1782) wurde 1749 in Frankfurt am Main geboren und starb 1832 in Weimar. Von 1765–68 studierte Goethe in Leipzig Jura, begeisterte sich jedoch eher für Poetikvorlesungen und seinen privaten Zeichenunterricht. Ein Blutsturz zwang ihn, das Studium abzubrechen und nach Frankfurt zurückzukehren. 1770 ging er nach Straßburg, um sein Studium dort zu beenden. Er begegnete dort Johann Gottfried Herder, dessen Verständnis von Poesie und Sprache entscheidenden Einfluss auf ihn hatte. Nach Jahren als Anwalt in Frankfurt wurde er 1775 von Carl-August, der in ihm einen geeigneten Berater für die eigene Regierungstätigkeit sah, nach Weimar geholt. 1786 wurde Goethe von den Regierungsgeschäften beurlaubt und reiste nach Italien. Nach dieser zweijährigen Bildungsreise kehrte er nach Weimar zurück und übernahm 1791 (bis 1817) die Leitung des Hoftheaters. In dieser Zeit entwickelte sich die kollegiale Freundschaft mit Friedrich Schiller. Goethe ist als Dichter, Theaterleiter, Naturwissenschaftler, Kunsttheoretiker und Staatsmann der zentrale Vertreter der Weimarer Klassik.

Goethe, Johann Wolfgang von: Ein heiterer Zufall*. In: *Goethes Werke*. Weimarer Ausgabe in 143 Bänden. Bd. 49. München 1987.

Goethe, Johann Wolfgang von: Sankt-Rochus-Fest zu Bingen. In: Ders.: *Poetische Werke*. Bd. 15. Berliner Ausgabe. Berlin 1916 ff.

Goethe, Johann Wolfgang von: Straßburg*. In: Goethes Werke. Weimarer Ausgabe in 143 Bänden. Bd. 27. München 1987, S. 229–230.

Yvan Goll, eigentlich Isaac Lang, wurde 1891 in Saint-Dié-des-Vosges geboren und starb 1950 bei Paris. Der deutsch-französische Dichter studierte an der Universität Straßburg Rechtswissenschaften und promovierte 1912 zum Doktor der Philosophie. Zu Beginn des Ersten Weltkrieges emigrierte der Pazifist nach Lausanne, nach Kriegsende zog er nach Paris. 1939 floh er ins Exil nach New York und kehrte 1947 nach Frankreich zurück. Seine Lyrik ist vom deutschen Expressionismus inspiriert, wenngleich der Dichter eine wichtige Stimme des französischen Surrealismus war. Er schrieb seine Gedichte in französischer, englischer und deutscher Sprache.

Goll, Yvan: Kölner Dom. In: Ders.: *Dichtungen*. Hrsg. v. Claire Goll. Berlin 1960. © Foundation Yvan et Claire Goll, Saint-Dié-des-Vosges

Die Brüder Grimm sind als Sprachwissenschaftler und Sammler von Märchen weltbekannt geworden. Jacob Grimm wurde 1785 in Hanau geboren und starb 1863 in Berlin. Wilhelm Grimm wurde 1786 in Hanau geboren und starb 1859 in Berlin. Beide studierten in Marburg Rechtswissenschaften, begeisterten sich aber auch sehr für die romantische Literatur und den Minnesang. Nach dem Studienabschluss 1806 begannen sie in Kassel mit der Sammlung von Märchen und Sagen. Die Forschung Jacob Grimms zu Aufbau und Entwicklung der deutschen Sprache legte den Grundstein für die moderne Etymologie. Später gingen die Brüder nach Göttingen, Jacob wurde 1830 ordentlicher Professor und Wilhelm erst Bibliothekar, 1935 ebenfalls Professor. 1838 begannen sie ihre gemeinsame Arbeit am »Deutschen Wörterbuch«. Jacob Grimm war Abgeordneter der Frankfurter Nationalversammlung, 1848 waren die Brüder an der Formulierung der Menschenrechte für Deutschland beteiligt. Wegen einer Streitschrift gegen einen Verfassungsbruch des Königs von Hannover, Ernst August I., wurden sie entlassen und Jacob Grimm sogar des Landes verwiesen. Drei Jahre lebten sie im Exil in Kassel, bis der preußische König Friedrich Wilhelm IV. sie nach Berlin holte.

Grimm, Jacob und Wilhelm: Der Binger Mäuseturm. In: Diess.: *Deutsche Sagen*. München 1981.

Karl Ferdinand Gutzkow wurde 1811 in Berlin geboren und starb 1878 in Frankfurt am Main. Er war ein deutscher Schriftsteller, Dramatiker und Journalist. 1829 begann Gutzkow Philologie, Theologie und Rechtswissenschaft in Berlin zu studieren, unter anderem bei Georg Wilhelm Friedrich Hegel und Friedrich Schleiermacher. Die französische Julirevolution weckte 1830 sein politisches Interesse. 1833 bereiste er Oberitalien und Österreich und zog dann nach Leipzig. Seine Texte wurden 1936 in Preußen verboten, wie auch die Schriften Heinrich Heines und anderer. Ab 1837 lebte Gutzkow in Hamburg, wo er bis 1842 den ›Telegraph für Deutschland‹ herausgab, an dem u. a. Friedrich Engels, Friedrich Hebbel und Georg Herwegh mitarbeiteten. 1842 reiste Gutzkow erstmals nach Paris, wo er George Sand kennenlernte, Ende des Jahres zog er nach Frankfurt am Main. 1843 wurde die Zensur seiner Werke aufgehoben, und er konnte wieder unter seinem Namen publizieren. 1846 übersiedelte er als Dramaturg nach Dresden, 1848 erlebte er den Ausbruch der Revolution in Berlin. Er bereiste Italien und das Rheinland. Nach einer schweren psychischen Krise und einem Selbstmordversuch lebte er in einem Sanatorium in Bayern, ging 1869 nach Berlin. 1875 zog er nach Heidelberg, 1877 nach Frankfurt am Main, wo er bei einem Schwelbrand ums Leben kam.

Gutzkow, Karl: *Wally, die Zweiflerin.* Göttingen 1965, S. 90.

Friedrich Wilhelm Hackländer war ein deutscher Schriftsteller, der 1816 in Burtscheid bei Aachen geboren wurde und 1877 in Leoni am Starnberger See starb. Nach einer kaufmännischen Lehre trat Hackländer 1822 in das Militär ein. 1840 übersiedelte er nach Stuttgart, wo er Hofrat, Sekretär und Reisebegleiter des württembergischen Kronprinzen Karl wurde und mit diesem Reisen nach Italien, Belgien, Österreich und Russland unternahm. 1849 schied er aus dem Dienst aus und wurde Kriegsberichterstatter, unter anderem in Piemont. 1859 kam er erneut in den Staatsdienst in Württemberg, 1860 wurde er vom österreichischen Kaiser in den Ritterstand erhoben.

Hackländer, Friedrich Wilhelm: Eine Reise im neuen Styl. In: Ders.: *Humoristische Erzählungen.* Stuttgart 1852.

Heinrich Heine, als Harry Heine 1797 in Düsseldorf geboren, ist einer der bedeutendsten deutschen Dichter und Journalisten des 19. Jahrhunderts. Er starb 1856 in Paris. Heine gilt als »letzter Dichter der Romantik« und gleichzeitig als ihr Überwinder. Er machte die Alltagssprache lyrikfähig, erhob das Feuilleton und den Reisebericht zur Kunstform. 1825 schloss er sein Jurastudium mit einer Promotion ab, wobei er seinen literarischen Interessen immer viel Raum gegeben hatte. Vor allem A. W. Schlegel gehörte zu seinen Lehrern. Ein Vierteljahrhundert lebte Heine in Paris, wo er, ebenso wie in Deutschland, eine geachtete Persönlichkeit des künstlerischen und politisch-gesellschaftlichen Lebens darstellte.

Heinrich Heine: *Sämtliche Werke*. 16 Bde. Hier: Bd. 1, 1: *Buch der Lieder*, Bd. 4: *Deutschland. Ein Wintermärchen*, Bd. 5: *Der Rabbi von Bacherach* und Bd. 9: *Elementargeister*. Hamburg 1975–1982.

Georg Herwegh wurde 1817 in Stuttgart geboren und starb 1875 in Lichtenthal bei Baden-Baden. Er war ein politisch aktiver Dichter des Vormärz und Übersetzer. 1835 begann er ein Studium der Theologie und Rechtswissenschaften in Tübingen als Stipendiat des Tübinger Stifts, von dem er jedoch 1836 verwiesen wurde. Er zog als freier Schriftsteller nach Stuttgart. 1839 ging er nach Zürich, 1843 nach Paris, wo er Heinrich Heine begegnete. 1843 siedelte er nach Paris über, wo er mit vielen prominenten Intellektuellen verkehrte. 1848 wurde Herwegh Präsident des Republikanischen Komitees und Vorsitzender der Deutschen Demokratischen Legion. 1851 zurück in Zürich freundete er sich mit Ludwig Feuerbach an, lernte auf einer Deutschlandreise Karl Marx und Michael Bakunin kennen. Er wurde zum Bevollmächtigten des neu gegründeten Allgemeinen Deutschen Arbeitervereins, von dem er sich später jedoch entfremdete. 1866 kehrte er als Mitstreiter der Arbeiterklasse nach Deutschland zurück, ließ sich in Baden-Baden nieder. 1869 schloss er sich der von August Bebel und Wilhelm Liebknecht gegründeten Sozialdemokratischen Arbeiterpartei an. Er veröffentlichte hernach politische Gedichte, in denen er den Deutsch-Französischen Krieg von 1870/71 und das deutsche Kaiserreich verurteilte.

Herwegh, Georg: Die drei Zeichen. In: *Herweghs Werke. Erster Teil: Gedichte eines Lebendigen*. Berlin u. a. 1909.

Friedrich Hölderlin ist einer der bedeutendsten deutschen Lyriker. Sein Werk nimmt eine gesonderte Stellung neben der Weimarer Klassik und der Romantik ein. Hölderlin wurde 1770 in Lauffen am Neckar geboren und starb 1843 in Tübingen. Er studierte als Stipendiat des Tübinger Stifts Philosophie und Theologie und freundete sich mit den Philosophiestudenten Georg Wilhelm Friedrich Hegel und Friedrich Wilhelm Joseph Schelling an. 1793–95 wurde Hölderlin Hauslehrer bei Charlotte von Kalb in Waltershausen. 1794 besuchte er Jena, wo er Bekanntschaft mit Johann Gottlieb Fichte, Johann Wolfgang Goethe, Friedrich Schiller und Isaac von Sinclair machte. 1796 wurde er Hauslehrer der Kinder Jakob Gontards, dessen Frau Susette Gontard Hölderlins Muse und große Liebe wurde. Er verließ die Familie, ging erst nach Homburg zu Isaac von Sinclair, zog dann in die Schweiz, fand 1802 eine Stelle als Hauslehrer in Bordeaux. Nach wenigen Monaten kehrte er, in offenbar verwirrtem Zustand, nach Württemberg zurück. In Nürtingen dichtete er und übersetzte Sophokles und Pindar. Spätestens seit 1806 galt Hölderlin als wahnsinnig. 1807 bezog er eine Turmstube in Tübingen, wo er bis zu seinem Tod lebte und Gedichte verfasste, die er mit Hölderlin oder mit dem Namen Scardanelli signierte.

Hölderlin, Friedrich: Der Rhein. In: Ders.: *Sämtliche Werke*. 6 Bde. Bd. 2. Stuttgart 1953.

August Heinrich Hoffmann von Fallersleben wurde 1798 in Fallersleben (heute ein Stadtteil von Wolfsburg) geboren und starb 1874 in Corvey. Nach dem Studium in Göttingen und Bonn kam Hoffmann von Fallersleben 1821 nach Berlin, wo er Freundschaft mit Georg Friedrich Hegel, Adelbert von Chamisso und Ludwig Uhland schloss. 1835 wurde er zum ordentlichen Professor für deutsche Sprache und Literatur in Breslau ernannt. Wegen seiner demokratischen Ansichten wurde er seiner Professur 1841 enthoben und im Folgejahr des Landes verwiesen, konnte jedoch rehabilitiert zurückkehren und lebte ab 1854 in Weimar. 1860 zog er mit seiner Familie nach Corvey, wo er nach einem Schlaganfall starb.

Hoffmann von Fallersleben, August Heinrich: Abschied vom Rhein. In: *Der Rhein. Ein literarischer Reiseführer.* Hrsg. v. Gertrude Cepl-Kaufmann und Hella-Sabrina Lange. Darmstadt 2006.

Erich Kästner war ein deutscher Schriftsteller, der 1899 in Dresden geboren wurde und 1974 in München starb. 1917 wurde er zum Militärdienst einberufen, 1919 begann er sein Studium der Philosophie, Geschichte, Germanistik und Theaterwissenschaft in Leipzig, Rostock und Berlin, wo er 1925 promovierte. Danach arbeitete er als freier Kulturjournalist für die ›Neue Leipziger Zeitung‹ und publizierte seine literarischen Arbeiten. Trotz seines Ausschlusses aus dem Schriftstellerverband, der Verbrennung seiner Bücher und einem Berufsverbot emigrierte Kästner nicht. Nach dem Zweiten Weltkrieg zog er nach München, wo er bis zu seinem Tod lebte.

Kästner, Erich: Handstand auf der Loreley. In: Ders.: *Gesammelte Schriften für Erwachsene.* © Atrium Verlag Zürich 1969

Marie Luise Kaschnitz, eigentlich Marie Luise Freifrau von Kaschnitz-Weinberg, wurde 1901 in Karlsruhe geboren und starb 1974 in Rom. Sie war eine deutsche Lyrikerin und Schriftstellerin. Nach einer Ausbildung zur Buchhändlerin in Weimar arbeitete sie in einem Münchner Verlag und einem Antiquariat in Rom. Mit ihrem Mann unternahm sie zahlreiche Reisen nach Italien, Ungarn und Griechenland, lebte in Rom, Königsberg, Marburg und von 1941 bis zu ihrem Tod überwiegend in Frankfurt am Main.

Kaschnitz, Marie Luise: Am Rhein bei Breisach. In: Dies.: *Gesammelte Werke. Bd. 5.* © Insel Verlag Frankfurt am Main 1979

Gottfried Keller war ein Schweizer Dichter und Politiker, der 1819 in Zürich geboren wurde und dort 1890 auch starb. Nach einer frühzeitig beendeten Schulzeit betätigte sich Keller als Landschaftsmaler. 1840 ergab sich für ihn die Gelegenheit, an der Akademie in München zu studieren, doch bereits zwei Jahre später musste er aus finanziellen Gründen die Stadt wieder verlassen. Zurück in Zürich wandte er sich zunehmend der Literatur zu, bewegte sich im Kreis von Georg Herwegh, August Heinrich Hoffmann von Fallersleben und Ferdinand Freiligrath. 1848 erhielt Keller ein Stipendium für das Studium in Heidelberg. Nach politisch unruhigen Jahren kam er 1850 nach Berlin, 1855 kehrte er in die Schweiz zurück. 1861 wurde der politische Schriftsteller Erster Staatsschreiber des Kantons Zürich. Keller ist einer der bedeutendsten Erzähler des bürgerlichen Realismus.

Keller, Gottfried: Rheinbilder. In: Ders.: *Sämtliche Werke. Bd. 1.* Bern, Leipzig 1931.

Friederike Kempner war eine deutsche Dichterin, die 1836 in Opatów, Posen, geboren wurde und 1904 auf Gut Friederikenhof bei Reichthal, Schlesien, starb. Neben ihrer schriftstellerischen Tätigkeit engagierte sie sich zeitlebens in der Kranken- und Armenfürsorge und setzte sich für eine Reform des Gefängniswesens ein.

Kempner, Friederike: Am Rhein. In: Dies.: *Gedichte*. Berlin 1903.

Justinus Kerner wurde 1786 in Ludwigsburg geboren und starb 1862 in Weinsberg. Er war ein deutscher Arzt und Dichter. Er studierte von 1804–08 Medizin in Tübingen. Bereits zu Studienzeiten war er mit Ludwig Uhland und Gustav Schwab befreundet, woraus sich später die Schwäbische Dichterschule entwickelte. Nach dem Studium und mehreren Reisen u. a. nach Berlin und Wien war Kerner ab 1810 als praktischer Arzt in Württemberg tätig. Ab 1819 lebte er mit seiner Familie in Weinsberg.

Kerner, Justinus: Das Fräulein am Rhein. In: Ders.: *Sämtliche poetische Werke in vier Bänden*. Bd. 2. Hrsg. v. Josef Gaismaier. Leipzig 1955.

Heinrich von Kleist, geboren 1777 in Frankfurt an der Oder, war ein deutscher Dramatiker, Lyriker und Publizist, der sich 1811 am Kleinen Wannsee bei Berlin das Leben nahm. 1792–99 war Kleist im Militärdienst tätig, gab seine Position dann auf, um ein Studium zu beginnen. Er wählte an der Viadrina in Frankfurt an der Oder die Fächer Mathematik, Physik, Latein und Kameralwissenschaften. 1800 brach er das Studium bereits wieder ab, nahm unterschiedliche Arbeitsstellen an, machte Reisen nach Dresden, Paris und in die Schweiz. 1807 in Dresden lernte er unter anderem Christian Gottfried Körner, Ludwig Tieck und Caspar David Friedrich kennen. 1809 übersiedelte er nach Berlin, wo er Kontakt mit Achim von Arnim, Clemens Brentano, Joseph von Eichendorff und Karl August Varnhagen von Ense unterhielt. Doch der Erfolg als Dramatiker stellte sich nicht ein, und so beendete Kleist selbst sein Leben nahezu mittellos und innerlich gebrochen von seiner lebenslangen Suche nach Glück.

Kleist, Heinrich von: Brief an Adolfine von Werdeck*. In: Ders.: *Sämtliche Werke*. Bd. 2. München 1964.

Friedrich Gottlieb Klopstock wurde 1724 in Quedlinburg geboren und starb 1803 in Hamburg. Er war ein deutscher Dichter. 1745 begann er ein Studium der Theologie in Jena, siedelte im folgenden Jahr nach Leipzig über, wo er seine ersten Oden schuf. Nach dem Studium nahm er in Langensalza eine Hauslehrerstelle an. 1750 reiste er in die Schweiz und nach Dänemark. Anfang der Sechzigerjahre lebte er in Quedlinburg, Braunschweig und Halberstadt, danach bis 1770 in Kopenhagen. Danach zog er nach Hamburg, 1774 nach Karlsruhe, kehrte jedoch im Folgejahr bereits nach Hamburg zurück. Klopstock gab der deutschen Dichtung neue Impulse und gilt als bedeutender Wegbereiter des Sturm und Drang.

Klopstock, Friedrich Gottlieb: Der Rheinwein. In: Ders.: *Oden*. Bern 1971.

August Kopisch war ein deutscher Historienmaler und Schriftsteller, der 1799 in Breslau geboren wurde und 1853 in Berlin starb. 1815–17 studierte er an der Kunstakademie in Dresden, zog dann nach Wien, studierte von 1821–24 wieder in Dresden. Außerdem beschäftigte er sich mit Literatur. Nachdem er sich beim Schlittschuhfahren die Hand gebrochen hatte und diese steif blieb, konzentrierte er sich auf seine schriftstellerische Tätigkeit. 1824 brach Kopisch nach Italien auf, wo er 1826 in Neapel wieder zu malen begann. 1828 kehrte er nach Breslau zurück, ging 1833 nach Berlin, wo er als Maler im königlichen Hofmarschallamt angestellt wurde. 1840 wurde er in den Königlichen Kunstbeirat bestellt und erhielt 1844 von Kronprinz Friedrich Wilhelm IV. den Professorentitel. Ab 1847 lebte Kopisch in Potsdam. Er starb nach einem Schlaganfall, den er auf einer Reise nach Berlin erlitt.

Kopisch, August: Die Heinzelmännchen. In: *Der Rhein. Ein literarischer Reiseführer.* Hrsg. v. Gertrude Cepl-Kaufmann und Hella-Sabrina Lange. Darmstadt 2006.

Kopisch, August: Der Mäuseturm. In: Ders.: *Gesammelte Werke*. Bd. 1. Berlin 1856, S. 93.

Über das Leben der Autorin *Helga Kratzer* liegen uns leider keine Informationen vor.

Helga Kratzer: Aachener Printen; Rheinsage; Wie Liechtenstein zu seinem Namen kam. In: Dies.: *Rheinsagen. Vom Ursprung bis zur Mündung*, S. 10–11, 21, 132–133. © Ueberreuter Wien 2004

Thomas Mann wurde 1875 in Lübeck geboren und starb 1955 in Kilchberg bei Zürich. Er zählt zu den bedeutendsten Erzählern des zwanzigsten Jahrhunderts. Nach der Schulzeit ging Mann als Volontär einer Versicherungsgesellschaft nach München, wo er erste literarische Arbeiten veröffentlichte. Er begann Vorlesungen zu besuchen und lebte nach seiner Kündigung von seinem väterlichen Erbe als freier Schriftsteller. 1895 folgte er seinem Bruder Heinrich nach Italien, ab 1898 arbeitete er in der Redaktion des ›Simplicissimus‹. 1900 wurde er als Einjährig-Freiwilliger eingezogen, nach wenigen Monaten jedoch wegen Dienstuntauglichkeit wieder entlassen. Im Folgejahr wurde der Roman »Buddenbrooks« veröffentlicht, für den Thomas Mann 1929 den Literaturnobelpreis erhielt. 1933 kehrten er und seine Frau Katia von einer Vortragsreise nicht nach Deutschland zurück, sie hielten sich erst in Frankreich auf, zogen dann in die Schweiz. 1934 und 1935 reisten die Manns erstmals zu Besuchen in die USA. 1936 wurde ihnen und ihren Kindern Erika, Elisabeth und Michael die deutsche Staatsbürgerschaft aberkannt. 1938 emigrierte die Familie in die USA, ab 1941 lebten sie mit anderen deutschen Exilanten wie Bertolt Brecht, Theodor W. Adorno, Arnold Schönberg, Hanns Eisler und Alfred Döblin in Pacific Palisades, Kalifornien. 1952 kehrten die Manns in die Schweiz zurück. Schon 1949 hatte Mann anlässlich der Feiern zu Goethes 200. Geburtstag Frankfurt am Main und Weimar besucht, 1955 besuchte er ein letztes Mal seine Heimatstadt Lübeck.

Mann, Thomas: *Bekenntnisse des Hochstaplers Felix Krull. Der Memoiren erster Teil.* Frankfurt am Main 2004, Reprint der Erstausgabe von 1954, S. 10–13. © S. Fischer Verlag GmbH Frankfurt am Main 2004

Conrad Ferdinand Meyer war ein Schweizer Dichter des Realismus, der 1825 in Zürich geboren wurde und 1898 in Kilchberg bei Zürich starb. Seine Jugend verlebte er in Lausanne, wo er Französisch lernte und begann, Literatur aus dem Französischen zu übersetzen. 1864 erschien anonym sein erster Gedichtband, 1969 übersiedelte er nach Küsnacht am Zürichsee. 1872 gelang ihm der literarische Durchbruch, und er schrieb fortan Gedichte, Romane und Novellen. Meyer litt zeitlebens an Depressionen, weshalb er sich immer wieder in psychiatrischen Heilanstalten aufhielt.

Meyer, Conrad Ferdinand: Der Rheinborn. In: Ders.: *Sämtliche Werke.* Bd. 1. Bern 1963.

Eduard Mörike, geboren 1804 in Ludwigsburg, gestorben 1875 in Stuttgart, war ein Lyriker der Schwäbischen Dichterschule, Übersetzer und evangelischer Pfarrer. Während seiner Stiftszeit in Tübingen schloss er enge Freundschaft mit Wilhelm Waiblinger, der ihn mit Friedrich Hölderlin in Kontakt brachte, und mit Friedrich Theodor Vischer. 1826 begann seine Vikarszeit in verschiedenen schwäbischen Gemeinden. Er hätte lieber als freier Schriftsteller gelebt, wagte dies aber nicht. 1834 wurde er Pfarrer in Cleversulzbach, 1844 jedoch bereits aus gesundheitlichen Gründen in den Ruhestand versetzt. Er ließ sich in Bad Mergentheim nieder, später übersiedelte er nach Stuttgart, wo er 1855–66 am Katharinenstift Literatur unterrichtete. Zwischen 1867 und 1873 wechselte Mörike aus familiären Gründen noch mehrmals den Wohnort.

Mörike, Eduard: Am Rheinfall. In: Ders.: *Gedichte.* Stuttgart 1977.

Wolfgang Müller von Königswinter, eigentlich Peter Wilhelm Karl Müller, wurde 1816 in Königswinter geboren und starb 1873 in Bad Neuenahr. Er war Arzt, Politiker und Dichter. Ab 1835 studierte Müller Medizin in Bonn, wo er Kontakte zu den Schriftstellern Karl Simrock und Ferdinand Freiligrath knüpfte. 1838 wechselte er an die Universität Berlin, 1840 wurde er Chirurg beim Militär in Düsseldorf. 1842 ging er zu Studienzwecken nach Paris, wo er Heinrich Heine und Georg Herwegh kennenlernte. Später ließ er sich als Arzt in Düsseldorf nieder. 1848 wurde er Mitglied des Vorparlaments in der Frankfurter Paulskirche. 1853 zog er als freier Schriftsteller nach Köln. 1873 übersiedelte er nach Bad Neuenahr, wo er im selben Jahr starb.

Müller von Königswinter, Wolfgang: Bischof Hatto; Lore Lei; Mein

Herz ist am Rheine; Nächtliche Erscheinung zu Speier. In: *Warum ist es am Rhein so schön?* Gedichte. Hrsg. v. Sabine Brenner-Wilczek. Stuttgart 2007.

Alfred de Musset war ein französischer Dichter der Romantik, der 1810 in Paris geboren wurde und dort 1857 auch starb. Bereits während seines Jura- und Medizinstudiums betätigte sich de Musset als Schriftsteller, 1830 erschien seine Gedichtsammlung »Spanische und italienische Erzählungen«, 1832 beschloss er, als freier Schriftsteller zu leben. Wie viele Intellektuelle hatte er große Hoffnungen in die Julirevolution von 1830 gesetzt, wurde jedoch enttäuscht. 1833 begann er ein leidenschaftliches Verhältnis mit der Autorin George Sand, die ihn jedoch bereits nach wenigen Monaten verließ. Ab 1840 litt er häufig an Depressionen, schrieb wenig. 1852 wurde er in die Académie française gewählt, wobei ihm sicher half, dass er sich Napoleon III. angeschlossen hatte.

Musset, Alfred de: Der deutsche Rhein. Antwort auf das Lied von Becker. In: Ders.: *Dichtungen. Poésies nouvelles.* Heidelberg 1960, S. 209.

Über das Leben der Autorin *Lieselotte Nerlich* liegen uns leider keine Informationen vor.

Nerlich, Lieselotte: Hochwasser am Rhein. In: *Warum ist es am Rhein so schön?* Gedichte. Hrsg. v. Sabine Brenner-Wilczek. Stuttgart 2007. © Dagmar Nerlich

Willi Ostermann wurde 1876 in Mülheim am Rhein geboren und starb 1936 in Köln. Er war einer der populärsten Kölner Liedermacher und Karnevalsschlagerkomponisten, der zahlreiche Texte, Lieder und Couplets in Kölscher Mundart verfasst hatte. Nach seiner Lehre als Stereotypeur und Galvanoplastiker arbeitete er vermutlich bis 1900 in diesem Beruf. Erste lokale Bekanntheit erlangte Ostermann 1899 mit einem in Mundart vorgetragenen Lied auf dem Deutzer Schützenverein, später wurde er von dem Vorsitzenden der Kölner Karnevalsgesellschaft ›entdeckt‹ und schrieb 1907 das Lied, das der Rosenmontagshit des Jahres wurde. Er schrieb zudem hochdeutsche Schlager, Walzer und Lieder für Revuefilme, später Werbetexte. 1934 trat Ostermann in die NSDAP ein, um sich Aufträge in der Unterhaltungsindustrie zu sichern. Er starb 1936 nach einer schweren Magenoperation.

Ostermann, Willi: Einmal am Rhein. In: *Warum ist es am Rhein so schön?* Gedichte. Hrsg. v. Sabine Brenner-Wilczek. Stuttgart 2007.

Alfons Paquet, geboren 1881 in Wiesbaden, gestorben 1944 in Frankfurt am Main, war ein deutscher Journalist und Schriftsteller. Nach einer Ausbildung zum Handschuhmacher und einer kaufmännischen Lehre in Mainz wurde Paquet Redakteur der in Düsseldorf erscheinenden Kulturzeitschrift ›Die Rheinlande‹ und konnte sich ein Studium der Philosophie, Geografie und Volkswirtschaftslehre in Heidelberg, München und Jena finanzieren, das er 1907 mit einer Promotion abschloss. Ab 1903 unternahm er zahlreiche Reisen u. a. mit der Transsibirischen Eisenbahn, durch China, in die USA und nach Syrien. Paquet wurde 1904 Mitarbeiter der ›Frankfurter Zeitung‹ und nach einer Reise 1913 nach Jerusalem ein engagierter christlicher Unterstützer des Zionismus. Während des Ersten Weltkriegs war Paquet Korrespondent der ›Frankfurter Zeitung‹ in Stockholm und ließ sich nach dem Krieg in Frankfurt am Main nieder. Dem Anhänger der Weimarer Republik schwebte ein pazifistisches Deutschland vor, 1933 wurde er Mitglied der Quäker. Er nutzte 1938 die Möglichkeit einer Reise zu einem Kongress der Quäker in den USA, kehrte jedoch nach Deutschland zurück und starb 1944 bei einem Bombenangriff.

Paquet, Alfons: Kurze Biographie. In: Ders.: *Gesammelte Werke. Bd. 1: Gedichte*. Stuttgart 1970, S. 37. © Nyland-Stiftung, Köln

Francesco Petrarca war ein italienischer Dichter und Geschichtsschreiber, der 1304 in Arezzo geboren wurde und 1374 in Arquà starb. Sein Jura-Studium in Montpellier und Bologna brach er 1326 ab und kehrte nach Avignon zurück, wo er die niederen Priesterweihen empfing. Petrarcas Natur- und Landschaftsbeschreibungen brechen mit den mittelalterlichen Vorstellungen der Welt als dem Menschen feindliche Durchgangsstation zum Jenseits und bringen ästhetische und kontemplative Sichtweisen hervor; seine Besteigung des Mont Ventoux, die er als Naturereignis beschreibt und einer Rückwendung auf das Selbst zuführt, gilt als kulturhistorisches Schlüsselmoment zwischen Mittelalter und Neuzeit. Auch als Geschichtsschreiber rückte er den Menschen und dessen Moralvorstellung in den Mittelpunkt. Petrarca unternahm Reisen nach Frankreich, Belgien und Deutschland und lebte in verschiedenen Städten Italiens.

Petrarca, Francesco: Die agrippinische Kolonie. In: *Der Rhein. Ein literarischer Reiseführer.* Hrsg. v. Gertrude Cepl-Kaufmann und Hella-Sabrina Lange. Darmstadt 2006.

Wilhelm Raabe war einer der wichtigsten deutschen Vertreter des poetischen Realismus. Er wurde 1831 in Eschershausen geboren und starb 1910 in Braunschweig. Nach dem Abbruch der Schule und einer abgebrochenen Buchhändlerlehre in Madgeburg versuchte Raabe, in Wolfenbüttel das Abitur nachzuholen, was ebenfalls nicht gelang. Er studierte ab 1854 als Gasthörer Philologie in Berlin, was ihm als Bürgersohn auch ohne Abitur möglich war. 1859 unternahm er eine Bildungsreise nach Prag, Wien und Süddeutschland, 1862 übersiedelte er nach Stuttgart, wo er sich als Anhänger Bismarcks stark isoliert fühlte und 1870 mit seiner Familie nach Braunschweig zog. In den letzten acht Jahren seines Lebens stellte er die Schriftstellerei ein und unternahm weitere Reisen.

Raabe, Wilhelm: Lindau. Aus: Der Marsch nach Hause. In: *Der Rhein. Ein literarischer Reiseführer.* Hrsg. v. Gertrude Cepl-Kaufmann und Hella-Sabrina Lange. Darmstadt 2006.

Robert Reinick, geboren 1805 in Danzig, gestorben 1852 in Dresden, war ein deutscher Maler, Illustrator und Dichter. Ab 1825 besuchte er die Kunstakademie in Berlin, wo er u. a. Kontakt zu Adelbert von Chamisso und Joseph von Eichendorff unterhielt, und wandte sich in dieser Zeit auch der Dichtung zu. 1831 setzte er seine Ausbildung an der Kunstakademie Düsseldorf fort, unternahm 1838 eine Studienreise nach Italien. 1844 ließ er sich mit seiner Frau in Dresden nieder.

Reinick, Robert: Sonntags am Rheine. In: *Lieder eines Malers* (Robert Reinick). Mit Randzeichnungen seiner Freunde. Düsseldorf [1838].

Joachim Ringelnatz, eigentlich Hans Gustav Bötticher, wurde 1883 in Wurzen geboren und starb 1934 in Berlin. Der Schriftsteller, Kabarettist und Maler ist vor allem für seine Figur Kuttel Daddeldu bekannt. Bis 1909 schlug sich Ringelnatz mit Gelegenheitsjobs durch, dann bestritt er kurze Zeit seinen Lebensunterhalt als Kabarettist in der Münchner Künstlerkneipe ›Simplicissimus‹, wo u.a. Erich Mühsam, Frank Wedekind und Max Reinhardt verkehrten. 1914 meldete er sich zum Kriegsdienst. Seit 1910 hatte er Texte publiziert, doch erst ab 1919 tat er dies unter dem Pseudonym Joachim Ringelnatz. 1920 zogen er und seine Frau nach Berlin. Der unpolitische Ringelnatz unterschätzte die Nationalsozialisten, 1933 erteilten diese ihm Auftrittsverbot. 1934 reiste er noch zu Gastspielen in die Schweiz, starb jedoch kurz darauf an Tuberkulose.

Ringelnatz, Joachim: Rheinkähne. In: Ders.: *Gesamtausgabe. Bd. 1: Gedichte.* Berlin 1984.

Otto Roquette war ein deutscher Schriftsteller, der 1824 in Krotoschin bei Posen geboren wurde und 1896 in Darmstadt starb. Er studierte von 1846–50 Philologie und Geschichte in Heidelberg, Berlin und Halle. Nach Reisen in die Schweiz und nach Italien ließ er sich 1852 in Berlin nieder, 1853 wurde er Lehrer in Dresden. 1857 kehrte er nach Berlin zurück und wurde 1862 Professor für Literaturgeschichte. Ab 1869 unterrichtete er am Polytechnikum in Darmstadt.

Roquette, Otto: Kennt ihr den schönen goldnen Rhein. In: Ders.: *Waldmeisters Brautfahrt. Ein Rhein-, Wein- und Wandermärchen.* Stuttgart, Tübingen 1851.

Peter Rühmkorf war einer der bedeutendsten Lyriker und Essayisten der Nachkriegszeit. Er wurde 1929 in Dortmund geboren und starb 2008 in Roseburg, Schleswig-Holstein. Von 1951 bis 1956/57 studierte er Pädagogik und Kunstgeschichte, später Germanistik und Psychologie in Hamburg. Er brach das Studium ab, gab eine Literaturzeitschrift im Eigenverlag heraus und wurde 1958 Verlagslektor im Rowohlt Verlag. Ab 1964 lebte er als freier Dichter und Schriftsteller in Hamburg.

Rühmkorf, Peter: Hochseil. In: Ders.: *Gedichte – Werke 1.* © 2000 by Rowohlt Verlag GmbH, Reinbek bei Hamburg

Max von Schenkendorf wurde 1783 in Tilsit, Ostpreußen, geboren und starb 1817 in Koblenz. Er war ein deutscher Schriftsteller. 1798–1806 studierte er in Königsberg Kameralwissenschaften, war danach im Staatsdienst tätig. 1813 nahm er als Freiwilliger an den Befreiungskriegen und der Völkerschlacht bei Leipzig teil. Ab 1815 war er für das Militärgouvernement in Aachen und Köln tätig und ließ sich Ende des Jahres in Koblenz nieder.

Schenkendorf, Max von: Das Lied vom Rhein. In: Ders.: *Gedichte*. Stuttgart 1862.

August Wilhelm Schlegel, geboren 1767 in Hannover, gestorben 1845 in Bonn, war ein bedeutender deutscher Philologe, Übersetzer, Schriftsteller und Philosoph. Mit seinem Bruder Friedrich Schlegel ist er einer der wichtigsten Vertreter der deutschen Romantik. Er studierte in Göttingen Theologie und Philologie, wo er in Gottfried August Bürger seinen Mentor fand. 1791–95 lebte er als Hauslehrer, Kritiker und Rezensent in Amsterdam, siedelte dann nach Jena über, wo er in engem Austausch mit seinem Bruder Friedrich und dessen Frau Dorothea, seiner Frau Caroline, Johann Gottlieb Fichte, Novalis und Ludwig Tieck arbeitete und 1798–1800 die programmatische Zeitschrift ›Athenaeum‹ mit herausgab. Nach der Auflösung seiner Ehe war Schlegel von 1803–15 enger Freund und Begleiter von Madame de Staël in Italien und begleitete sie auf Reisen durch Deutschland, Österreich, Russland, Dänemark und Schweden. 1815 wurde er in den Adelsstand erhoben, 1818 als Professor für Literatur und Kunstgeschichte nach Bonn berufen. Dort beschäftigte er sich intensiv mit der romanistischen und indischen Philologie und betrieb moderne komparative Linguistik.

Schlegel, August Wilhelm: An die Kölner. In: *Warum ist es am Rhein so schön?* Gedichte. Hrsg. v. Sabine Brenner-Wilczek. Stuttgart 2007.

Schlegel, August Wilhelm: Hirtenbrief an die Kölner. In: Ders.: *Sämtliche Werke*. Bd. 2. Leipzig 1846.

Friedrich Schlegel wurde 1772 in Hannover geboren und starb 1829 in Dresden. Er war ein deutscher Philosoph, Übersetzer, Kritiker und Literaturtheoretiker. Gemeinsam mit seinem Bruder August Wilhelm

Schlegel ist er einer der Begründer der Jenaer Frühromantik. Er studierte in Göttingen und Leipzig, anfangs Jura und Medizin, später wandte er sich der Mathematik, Philosophie und Philologie zu, beschäftigte sich zunehmend mit Literaturtheorie, Kunst und Geschichte. 1794 gab er das Studium auf und wurde freier Schriftsteller in Dresden. 1796 zog er zu seinem Bruder August Wilhelm nach Jena. Der Kreis der Frühromantiker, der sich in jener Zeit bildete und dem neben den Brüdern Schlegel und deren Ehefrauen Caroline und Dorothea Ludwig Tieck, Novalis und Johann Gottlieb Fichte angehörten, war für seine Werke prägend. 1801 löste sich dieser Kreis auf, Schlegel zog über Berlin, Dresden und Leipzig nach Paris. Sein Interesse am Katholizismus wuchs, er konvertierte 1808 und wurde 1814 zum »Ritter des päpstlichen Christusorden« ernannt. Zuvor war er in den österreichischen Staatsdienst eingetreten und war von 1815–18 als österreichischer Legationsrat am Bundestag in Frankfurt beschäftigt. Nach einem Aufenthalt in Wien ging er nach Dresden, wo er bis zu seinem Tod Vorlesungen hielt.

Schlegel, Friedrich: Basel; Längs dem Rhein*. In: *Der Rhein. Ein literarischer Reiseführer*. Hrsg. v. Gertrude Cepl-Kaufmann und Hella-Sabrina Lange. Darmstadt 2006.

Schlegel, Friedrich: Rheinfahrt. In: Ders.: *Dichtungen*. München u. a. 1962, S. 312.

Max Schneckenburger, geboren 1819 in Talheim bei Tuttlingen, gestorben 1849 in Burgdorf bei Bern. Nach einer kaufmännischen Lehre unternahm er 1838 Geschäftsreisen nach Frankreich und Großbritannien, 1841 siedelte er sich in Burgdorf an und gründete eine Eisengießerei. Das Gedicht »Die Wacht am Rhein«, das er 1840 geschrieben hatte, wurde im Deutsch-Französischen Krieg 1870/71 zum deutschen Nationallied.

Schneckenburger, Max: Die Wacht am Rhein. In: *Politische Lyrik. Deutsche Zeitgedichte des 19. und 20. Jahrhunderts*. Hrsg. Wolfgang Gast. Stuttgart 1973.

Karl Joseph Simrock war ein deutscher Dichter, Philologe und Ethnologe, der 1802 in Bonn geboren wurde und 1876 dort auch starb. Er immatrikulierte sich 1818 für ein Jurastudium in Bonn und besuchte Vorlesungen von Ernst Moritz Arndt und August Wilhelm Schlegel. Ab 1822 setzte er das Studium in Berlin fort, wo er als Richter am Königlichen Kammergericht angestellt wurde. In Berlin freundete er sich mit Adelbert von Chamisso an und begann, Gedichte zu veröffentlichen. 1830 wurde er wegen eines als revolutionär eingestuften Gedichts zur französischen Julirevolution aus dem Staatsdienst entlassen. 1832 kehrte er nach Bonn zurück, 1834 wurde er zum Doktor der Philosophie promoviert, 1850 zum außerordentlichen, 1853 zum ordentlichen Professor für deutsche Sprache und Literatur ernannt. Vor allem die Übertragung des Nibelungenliedes und der Gedichte von Walther von der Vogelweide begründeten Simrocks Ruf.

Simrock, Karl: Rolandseck; Warnung vor dem Rhein. In: *Warum ist es am Rhein so schön? Gedichte.* Hrsg. v. Sabine Brenner-Wilczek. Stuttgart 2007.

Ernst Stadler war ein elsässischer Lyriker, der 1883 in Colmar geboren wurde und 1914 nahe Ypern in Belgien starb. Er studierte in Straßburg und ab 1904 in München Germanistik, Romanistik und vergleichende Sprachwissenschaft. 1906–08 war er Stipendiat in Oxford, habilitierte sich in Straßburg. Von 1910–14 war er Professor für deutsche Philologie in Brüssel und wurde nach der Publikation eines Gedichtbandes 1914 zu einer bedeutenden Figur des literarischen Expressionismus. Als der Erste Weltkrieg ausbrach, wurde Stadler eingezogen und fiel im ersten Kriegsjahr.

Stadler, Ernst: Fahrt über die Kölner Rheinbrücke bei Nacht. In: Ders.: *Aufbruch und ausgewählte Gedichte.* Stuttgart 1967.

Enno Stahl ist ein deutscher Schriftsteller, Journalist und Herausgeber, der 1962 in Duisburg geboren wurde. Er studierte Germanistik und Philosophie in Aachen, Köln, Florenz und Siegen und wurde 1997 promoviert. Seit Mitte der achtziger Jahre veröffentlicht er Prosa, Lyrik, Essays und Kritiken in Zeitungen, im Rundfunk und Fernsehen sowie in Anthologien und Zeitschriften. Von 1983–2008 wohnte Stahl in Köln, seither lebt er in Neuss.

Stahl, Enno: Rhein = Fahrt / Lied. In: *Warum ist es am Rhein so*

schön? Gedichte. Hrsg. v. Sabine Brenner-Wilczek. Stuttgart 2007. ©
Enno Stahl

Adelheid Karoline Wilhelmine Julie von Stolterfoth wurde 1800 in
Eisenach geboren und starb 1875 in Wiesbaden. Sie war eine deutsche
Dichterin, eine Vertreterin der Rheinromantik. Sie bereiste England,
die Schweiz und Oberitalien, Tirol, Holland und Belgien. Nach dem
Tod ihres Mannes lebte sie im Rheingau, in Eltville, in Frankfurt am
Main und zuletzt in Wiesbaden.

Stolterfoth, Adelheid von: Gepriesen sei der Rhein; Königin Lureley.
In: Dies.: *Rheinische Lieder und Sagen.* Frankfurt am Main 1839.

Carmen Sylva ist das Pseudonym der Prinzessin Elisabeth Pauline Ot-
tilie Luise zu Wied VA, die 1843 auf Schloss Monrepos bei Neuwied
am Rhein geboren wurde und 1916 in Bukarest starb. Während des
russisch-türkischen Krieges pflegte sie Verwundete und gründete den
Elisabeth-Orden. 1891 ging sie mit ihrem Mann nach Rumänien, der
dort als Karl I. zum König gekrönt wurde, sie wurde Königin von Rumänien und war bald als »dichtende Königin« bekannt. Neben dem
Verfassen eigener Werke übersetzte sie aus dem Französischen und Ru-
mänischen.

Sylva, Carmen: Bonn. In: *Der Rhein. Ein literarischer Reiseführer.*
Hrsg. v. Gertrude Cepl-Kaufmann und Hella-Sabrina Lange. Darmstadt 2006.

Richard Wagner wurde 1813 in Leipzig geboren und starb 1883 in Ve-
nedig. Er war ein deutscher Komponist, Schriftsteller, Dramatiker,
Theaterregisseur und Dirigent. Er gilt als Erneuerer der europäischen
Musik des 19. Jahrhunderts, verstand die Oper als Gesamtkunstwerk.
Außerdem gründete er die Festspiele, die noch heute im Bayreuther
Festspielhaus stattfinden. Er studierte ab 1831 in Leipzig Musik. Nach
Jahren in Riga und Paris siedelte er sich 1842 in Dresden an, wo ihm
der künstlerische Durchbruch gelang. Hier lernte er Franz Liszt ken-
nen, mit dem ihn eine lebenslange Freundschaft verband. Nach seiner
Beteiligung am Dresdner Maiaufstand 1849 sah er sich gezwungen, in
die Schweiz zu fliehen. Berufliche Gründe führten ihn in den nächsten

Jahren nach Paris, Italien, London, nach Sankt Petersburg, Moskau, Budapest und Prag. Ab 1860 durfte der Revolutionär wieder deutschen Boden betreten. 1864 wurde Wagner von seinem Mäzen König Ludwig II. in München empfangen, verließ die Stadt jedoch bald wieder, um sich in der Nähe von Luzern niederzulassen. 1876 fanden die ersten Bayreuther Festspiele statt, bei denen der »Ring des Nibelungen« vollständig aufgeführt wurde. Wagner starb während eines Aufenthalts in Venedig in seinem Arbeitszimmer.

Wagner, Richard: Das Rheingold. In: Ders.: Die Musikdramen. Hamburg 1971, S. 525–535.

Josef Winckler, geboren 1881 in Bentlage am Rhein, gestorben 1966 in Bensberg, war ein deutscher Schriftsteller. 1906 schloss er sein Zahnmedizin-Studium, während dem er erste Gedichte veröffentlicht hatte, mit der Approbation zum Zahnarzt ab. Nach Assistenzzeiten in Hildesheim und Berlin ließ er sich 1907 in Moers als Knappschaftsarzt nieder, eröffnete mehrere Praxen in Moers und Homberg. 1912 gründete er den rheinischen Autorenkreis ›Werkleute auf Haus Nyland‹. 1912–14 gab Winckler die Zeitschrift ›Quadriga‹ mit heraus, danach widmete er sich gemeinsam mit anderen Autoren der propagandistischen Unterstützung des Krieges. Nach dem Krieg bis 1922 publizierte Winckler nicht, arbeitete aber an stark expressionistisch gefärbten Büchern. Mitte der zwanziger Jahre gab er seine Zahnarztpraxen auf, da er sich nun ganz der Schriftstellerei widmen wollte. 1933–45 passte sich Winckler den von den Nationalsozialisten vorgegebenen Normen an, wohl auch, um seine jüdische Frau vor Verfolgung zu schützen; 1943 durfte sie in die Schweiz ausreisen. Nach dem Zweiten Weltkrieg nahm er engagiert am Kulturbetrieb teil und seine literarischen Arbeiten wurden mit verschiedenen Preisen ausgezeichnet.

Winckler, Josef: Verstaubt, wie Burgen. In: *Warum ist es am Rhein so schön?* Gedichte. Hrsg. v. Sabine Brenner-Wilczek. Stuttgart 2007. © Nyland-Stiftung, Köln

Carl Zuckmayer war ein deutscher Schriftsteller, der 1896 in Nackenheim geboren wurde und 1977 in Visp, Schweiz starb. Nach dem Notabitur in Mainz meldete er sich 1914 als Kriegsfreiwilliger und war bis

1918 Soldat an der Westfront. Ab 1917 veröffentlichte er Gedichte in expressionistischen Zeitschriften. Nach Kriegsende studierte er Jura, Literatur und Soziologie in Frankfurt am Main und Heidelberg. Bis 1922 schlug er sich mit Gelegenheitsarbeiten durch, wurde dann als Dramaturg in Kiel, München und Berlin engagiert. Der literarische Durchbruch gelang ihm 1925, seinen größten Erfolg hatte er 1931 in Berlin mit der Uraufführung des »Hauptmann von Köpenick«. Nach der Machtergreifung der Nationalsozialisten zog sich Zuckmayer in sein Haus in Henndorf bei Salzburg zurück, das bald zu einer Zuflucht für Schriftsteller und Künstler wurde. 1938 emigrierte er über die Schweiz in die USA. 1946 kehrte er als ziviler Beauftragter des amerikanischen Kriegsministeriums nach Europa zurück. Bis 1975 lebte er abwechselnd in Vermont und Europa.

Zuckmayer, Carl: Mainz, versunkene Stadt. In: *Atlas, zusammengestellt von deutschen Autoren*. Berlin 1965. © S. Fischer Verlag GmbH Frankfurt am Main

Das Nibelungenlied. 2 Bde. Hier: Bd. 1, S. 6–7. Frankfurt am Main 2008.

Der Fischer Taschenbuch Verlag dankt den Rechteinhabern für die Abdruckgenehmigung.

Sofern es uns in Ausnahmefällen nicht möglich war, derzeitige Rechteinhaber zu ermitteln oder rechtzeitig eine Abdruckgenehmigung zu erhalten, sichern wir hiermit die nachträgliche Honorierung im üblichen Rahmen bei entsprechender Nachricht an den Verlag zu.

Mit * gekennzeichnete Titel stammen von den Herausgebern

Eine Lese-Verführung

Literarisches, Kurzweiliges,
Erhellendes aus deutschen Landen

Der etwas andere Reisebegleiter für
den nächsten Streifzug durchs eigene Land

Diese Reihe nimmt deutsche Städte,
Flüsse und Regionen in den Blick: Auszüge aus
literarischen Klassikern, Gedichte, Sagen, Märchen und
Briefe über die verschiedenen Landstriche versammeln
Historisches und Mythisches, Kurioses und
Aufschlussreiches.

Bislang erschienen:

Berlin
Band 65002

Dresden
Band 65004

Frankfurt
Band 65001

Harz
Band 65007

Rhein
Band 65006

Schwaben
Band 65003

Fischer Taschenbuch Verlag

fi 666 047/ 3

Rose Ausländer
Gesamtwerk in Einzelbänden
Herausgegeben von Helmut Braun

Fischer Taschenbuch Verlag

fi 170 / 7

Carl Zuckmayer
Katharina Knie
Theaterstücke 1927 - 1930
Herausgegeben von Knut Beck
und Maria Guttenbrunner-Zuckmayer
Band 12705

Wie wichtig es ist in schwierigen Lebenssituationen nicht
allein für sich zu bestehen, sondern sich gegenseitig Hilfe
zu leisten, hat Carl Zuckmayer mit deutlichem sozialkriti-
schem Akzent auf unterschiedliche Weise in diesen drei
Stücken gezeigt: in ›Schinderhannes‹ durch das Zusammen-
stehen der Gefährten im Kampf gegen die Ungerechtigkeit,
in ›Katharina Knie‹ durch das Eintreten des einen für den
andern in der Gemeinschaft, vor allem in Zeiten wirtschaft-
licher Not, in ›Rivalen‹ durch Kameradschaft, wenn es gilt,
an der Front seinen Mann zu stehen.

»Der handfeste Realismus aus der rheinhessischen
Heimatwelt, scharfäugig und zupackend.«
Theodor Heuss

Fischer Taschenbuch Verlag

fi 12705 / 1